U0600263

新时期

出版人改革亲历丛书

XINSHIQI CHUBANREN GAIGE QINLI CONGSHU

顾问 柳斌杰

主编 聂震宁

国家重点出版物出版规划项目

情系教育出版

张增顺 著

江西高校出版社

JIANGXI UNIVERSITIES AND COLLEGES PRESS

图书在版编目（CIP）数据

情系教育出版 / 张增顺著. —南昌：江西高校出版社，
2019.1

（新时期出版人改革亲历丛书 / 聂震宁主编）

ISBN 978-7-5493-8131-9

Ⅰ. ①情⋯ Ⅱ. ①张⋯ Ⅲ. ①出版工作—体制改革—
研究—中国 Ⅳ.①G239.2

中国版本图书馆 CIP 数据核字（2018）第 272206号

出 版 发 行	江西高校出版社
社 址	江西省南昌市洪都北大道 96 号
总编室电话	（0791）88504319
销 售 电 话	（0791）88517295
网 址	www.juacp.com
印 刷	江西千叶彩印有限公司
经 销	全国新华书店
开 本	700 mm × 1000 mm 1/16
印 张	15.75
字 数	212千字
版 次	2019 年 1 月第 1 版
印 次	2019 年 1 月第 1 次印刷
书 号	ISBN 978-7-5493-8131-9
定 价	42.00 元

赣版权登字-07-2018-1467

新时期出版人改革亲历丛书

情系教育出版

新时期出版人改革亲历丛书

作者 | 张增顺

1950年生,河南濮阳人,毕业于武汉大学,编审。曾任高等教育出版社副社长、总编辑。先后荣获新闻出版总署"出版行业跨世纪专业技术人才"、第三届"全国百佳出版工作者"、第九届"韬奋出版奖"、"新中国60年百名出版人物奖"和第二届"中国出版政府奖优秀出版人物奖"等奖项。社会兼职:曾兼任中国编辑学会副会长、原中国音像协会副会长;现兼任韬奋基金会副秘书长、中国出版协会编校工作委员会主任。

留住出版家的改革记忆

——为"新时期出版人改革亲历丛书"序

柳斌杰

在世界四大文明古国中,中国有文字记录的文化得以传承,使中华文明的血脉得以延续,以造纸术和印刷术为支撑的出版业功不可没。从早期口传的神话故事开始,到后来成书的《诗经》、诸子百家学说,历经数代沉淀确定的经典著作"十三经",加上从汉代司马迁编修的《史记》开始,历朝历代从未中断修纂累积的"二十四史",中华民族的文化基因和宏大架构得以基本确立。经最早的龟骨、简牍、缣帛记载,进而到后来的雕版、活字印刷,世界上一个最古老的、最优秀民族的文化就这样保存下来了,世世代代传承并发扬光大。这是中华民族出版业足以彪炳世界史册的伟大功绩。

改革开放以来,我国出版业的发展进入了新的历史机遇期,走上了发展的快车道。出版工作者顺应时代潮流和技术变革大势,不断实现自我革新发展,解放了出版生产力。1979 年在长沙召开的全国出版工作座谈会上,确定了地方出版业"立足地方,面向全国"的重大发展决策,打破了原来的"地方化、群众化、通俗化"的条条框框,促进了地方出版业的转型。在 1982 年召开的全国图书发行体制改革座谈会上,提出了以"一主三多一少"为主要内容的改革,使我国的图书发行业开始摆脱计划经济的束缚,突破了长期以来产销分割、渠道单一、购销形式僵化的局面,促进了出版社由生产型向生产经营型的转变,推动了国有书店由传统的计划经济向社会主义商品经济的转变。1988 年,中宣部和新闻出版署提出了"三放一联"的改革目标,从单纯调整产销关系转向改革发行企业内部的管理机制,通过放权承包,建立各种形式的责任制,扭转管理过分集中、统得过死、行政干预过多的现象,搞活国有书店的经营机制;通过放开批发渠道、放开购销形式和发行折扣,引进竞争机制,利用经济杠杆调整产、供、销之间的利益关系,搞活了图书购销;通过推行横向经济联合,促进各种形式的出版发行联合体发展,发挥了促进竞争、优势互补的积极作用,图书发行体制改革进入了一个新的历史阶段。1996年,新闻出版署颁布了《关于培育和规范图书市场的若干意见》,明确提出了建立全国统一、开放、竞争、有序的图书市场的改革目标。2003年,党中央、国务院决定启动文化体制改革试点,确定在9个地区和35个文化单位进行试点,其中新闻出版单位就有21家。2005年12月,在认真总结试点经验的基础上,中共中央、国务院下发《关于深化文化体制改革的若干意见》,这是新中国成立以来党中央、国务院第一次就文化体制改革做出的重大决策。《意见》从总体上明确了深化文化体制改革的指导思想、原则要求和目标任务。至2012年9月,全国有改革任务的580家出版社、3000多家新华书店、4000多家非时政类报刊社、38家党报党刊发行单位全部完成改制,组建了一批出版集团,其中35家出版传媒集团成功上市。新闻出版系统实现了"局社分开",新闻出版行政管理部门实现了由办文化向管文化转变,由主要管理直属单位向社会管理转变,由行政管理为主向行政、法规、经济等综合管理转变,宏观管理体制得到进一步完善。我国文化体制改革经过多年的不懈探索和实践,有力地促进了新闻出版生产力的解放和发展。深化改革中的中国出版业如凤凰涅槃,在新的市场机制中焕发出蓬勃生机,呈现出旺盛的生命力。在近年来传统纸媒受到网络猛烈冲击而纷纷萎缩的情况下,出版业逆势上扬,融合发展,充满活力。在近期颁布的第十届"全国文化企业30强"获奖名单中,出版企业占60%,总产值超过65%,继续保持了文化产业主力军的地位。

　　40年改革开放,40年风雨历程。我国出版业40年改革发展,有力地证明了:世界潮流浩浩荡荡,顺之者昌。五千多年的文明历史,证明中华民族是一个热爱学习、善于总结经验教训、善于借鉴他人长处、善于不断创新的民族。这个品质既是中华民族优秀文化基因的表现,也给出版业提供了市场空间和发展机遇。我们相信,只要抓住机遇,不断深化改革,在创新中求发展,出版业一定会有更加光辉的明天。

　　由江西高校出版社出版的"新时期出版人改革亲历丛书",是一套多视角、多方位见证、记录出版改革历程,讴歌出版改革成果,总结出版改革经验,推动和深化出版改革的大型丛书。丛书作者都是韬奋出版奖、中国出版政府奖等重要奖项的获得者,都是有影响、有作为的出版发行一线的领军人物,他们既是中国出版改革开放的见证者、记录者,也是中国出版改革开放的亲历者、推动者。他们生逢其时,在职业生涯的黄金时期,赶上了改革开放这趟时代快车,经历了改革的风风雨雨,经受了改革的磨炼洗礼,分享了改革的丰硕成果,实践了自己的职业追求,实现了自己的人生价值。他们有过攻坚克难的艰辛,有过艰苦创业的拼搏,也有过辛勤耕耘的甘甜;他们有过推出精品力作的惊喜,也有过培育出版新人的欣慰。在丛书写作中,他们紧扣新时期出版改革的主题,现身说法,讲述自己亲身经历的出版故事,写出了自己的真情实感,展现了新时期出版人的责任担当、文化情怀和创业精神。这套丛书也成为出版改革的真实记录,成为有保存价值的出版历史史料,成为培养、教育青年出版从业人员的生动教材。他们为纪念出版改革40周年献上一份厚礼,做了一件很有意义的事情。他们是中国出版史上又一批值得尊敬的人。

　　这套丛书表明,在波澜壮阔的中国改革开放40年中,中国出版人勇于实践、敢于创新,以改革促进发展,以发展推动繁荣,始终走在时代的潮头,为民族文化的传承发展,为中国文化软实力的提升,为中华文明走向世界,做出了应有的贡献。历史将证明：中国的改革开放，出版业一马当先，不仅自觉推进自身深化改革，而且为改革开放营造了良好的社会舆论氛围，提供了强大的精神动力。

党的十九大清晰地描述出中华民族伟大复兴的蓝图和时间表，中华民族进入了一个伟大的新时代，对满足人民群众日益增长的精神文化需求提出了更高要求。习近平总书记在党的十九大报告中指出：文化是一个国家、一个民族的灵魂。文化兴国运兴，文化强民族强。没有高度的文化自信，没有文化的繁荣兴盛，就没有中华民族的伟大复兴。要坚持走中国特色社会主义文化发展道路，激发全民族文化创新创造活力，建设社会主义文化强国。这不仅是强调文化的重要性，也是对新时代文化建设提出的战略目标。

实现中华民族伟大复兴的号角已经吹响，中国出版业作为文化领域重要的组成部分，肩负着做强文化软实力、实现中华民族文化大繁荣、建设社会主义文化强国的重任。回顾40年改革历程，我们为取得的辉煌成绩而自豪；展望新时代的伟大征程，我们为义不容辞的重任而自信。重任在肩，唯有奋斗。我们深知日益富裕的人民群众对高品质文化的渴望，中国人均阅读量和世界发达国家的差距，中国出版业转型升级尚在路上……这正是中国出版业努力作为的方向。我们有幸身处这样一个伟大的时代，当然要投身这样一项伟大的事业，才无愧于出版业的历史使命，做新时代敢担当、负责任、有作为的出版人。

是为序。

2018年6月于北京

（柳斌杰，第十二届全国人大教科文卫委员会主任委员、原新闻出版总署署长、中国出版协会理事长）

教育出版史上的一幅水墨画

——为《情系教育出版》序

李 赛

当这部书稿摆在我面前,通读了几遍之后,深感这是一部难得的纪实作品。增顺让我写篇序,我有点不知所措,忐忑而惶恐的心情难以言表,不是碍于他的地位和业内影响力,而是这本书自身的现实意义和深远意义,让我下笔而慎书、意蕴难穷尽。

"文治天下,武定乾坤。"中华民族的历史发展证明:著书立传、书香文润是传承历史印记、民族印记、文化印记的有效方式。"新时期出版人改革亲历丛书"在新时代思想的照耀下应运而生,散发着墨香。《情系教育出版》正是这套丛书中的一部。它集历史性、纪实性、文献性于一身,是"为出版存史,为改革立言"的佳作之一。

"栉风沐雨,壮行人生。"增顺见证了高等教育出版社伴随国家教育出版事业的发展,特别是改革开放40年来的巨大变化。他经历了高等教育出版社各个岗位的磨炼,历任该社的编辑、社长办公室主任、出版部主任、副社长、副总编辑、总编辑等职,在编辑、出版、印刷、行政、经营等领域,都留下了他的足迹。他默默敬业,孜孜求索,嘉言懿行,纤悉不苟,干一行爱一行,忠于职守,从不懈怠,为国家教育出版事业做出了突出贡献。

"人道之正在于政,以正为政则无不正。"增顺在书中记录了他的出版历程,其奋斗成长史丰富了高等教育出版社的发展史,也为新中国出版事业的发展史增添了不少弥足珍贵的史料元素。他在讲出版故事的同时,也深刻地揭示了出版学的哲理,生动地再现了出版业的原生态场景,细致地还原了出版改革的动人画面。这是一幅水墨画，糅进画中的岂止是他奋发蹈厉的心血和汗水，还有他对教育出版事业的追求和真诚。

在岗位的变换中最能看出一个人的品节，在人生的历练中最能验证一个人的意志。作为总编辑，他与四任社长携手联袂，始终以"韦驮"的身份辅车相依。他具有一种特殊的人格魅力，在辅佐社长、维护班子团结、稳定大局方面，发挥了重要作用，在高教社和业内传为佳话，留下美名！

出版人站在现实与未来的立交桥上，总是立足本职岗位，放眼未来发展，脚踏实地做几件留得住回忆的实事，无愧于一个出版人的责任担当。从书中可以看出，他在"七五"时期为确保教材"课前到书，人手一册"，历尽艰辛，做到了按时出版，100%进栈；在"九五"时期全力保证"面向21世纪课程教材"出版，特别是"十五"期间出色地完成首本"马克思主义理论研究和建设工程"重点教材出版任务。他还是一个社会活动家，积极参加出版业内各种活动，尤其是针对出版社转企后总编辑岗位职责一度弱化的状况，他和其他同人一起组织策划一系列活动，提出出版社转企后必须进一步加强总编辑工作的意见，得到原新闻出版总署的肯定，形成文件下发，载入史册。在他身上还有许多事难以忘怀，篇幅所限，不一一列举了。

"踵事增华写春秋，筑梦前行看未来。"习近平指出："必须自觉承担起举旗帜、聚民心、育新人、兴文化、展形象的使命任务。"《情系教育出版》一书的出版，正发挥着留住历史、对接时代、开拓未来的诠释作用，无疑会启发读者从中汲取营养和获得力量，在未来的日子续写出版业的新篇章、新辉煌！

以上赘述，是为序。

2018 年 8 月

（李骞，中国报告文学学会会员，河南濮阳作家协会常务副主席兼秘书长）

目　　录

第一辑

教育出版历程

　　时光飞逝，但我永远铭记在高等教育出版社工作的36年。在这36年中，我满怀激情投身教育出版。在教育出版领域，我从高教社的视角回顾个人的成长历程，以见证国家教育事业和出版事业伴随着国家改革开放的步伐而不断改革、创新和发展。

步入新中国教材出版基地

20 世纪 70 年代，我们的国家几经波折，结束了"文化大革命"，拨乱反正后迎来了改革开放的重要阶段。我也是在这个时期，从武汉大学毕业，被分配到新的人民教育出版社工作，进入出版行业，步入新中国教材出版基地，参与了新的人民教育出版社重建的相关工作。

人民教育出版社成立于 1950 年 12 月，隶属教育部，主要负责出版中小学教材。高等教育出版社成立于 1954 年 5 月，隶属高等教育部，主要负责出版高校教材。1958 年 2 月，高等教育部并入教育部。1960 年 4 月，高等教育出版社并入人民教育出版社。1964 年 7 月，国家恢复高等教育部，随之高等教育出版社和人民教育出版社于 1965 年 1 月分立。不久因"文化大革命"，教材出版工作陷于瘫痪状态，出版社名存实亡。从 1969 年起，两社的干部职工被下放到安徽凤阳教育部"五七"干校劳动。直到 1972 年 7 月，在周总理的关怀下，新的人民教育出版社得以建立，其中有人教部分和高教部分，高教部分承担了原高教社的出版任务。重建之初的人民教育出版社主要进行教材研究，设有"中小学教材研究室"和"大学教材研究室"。新的人民教育出版社，无论是人教部分，还是高教部分，都是新中国成立后国家的教材出版基地，有着辉煌的发展历史。我能到这样一个单位工作，确实有一种幸福感和自豪感。

说起分配到人民教育出版社工作，我在毕业前夕是完全不知情的。但是记得有这么一个细节:那是 1975 年 12 月毕业前夕,自己深感大学期间所学知识有限,于是准备买一些书,带到工作单位继续学习。那时高校之间已经有了讲义的交流,学校教材科也有一些铅印讲义卖。这些讲义在我看来,已经是正规教材了。大学期间,我们每月发 18 块 5 毛钱(其中 13 块 5 毛的生活费,5 块的零用钱)。我把这几年省吃俭用积攒下来的钱,全都拿去买了铅印讲义。正在教材科买书时,碰上了物理系核物理专业负责学生工作的关林老师,他是河南老乡。他笑着对我说:"你不用买书了……"我莫名其妙,心想:我买了书,带到工作岗位上去,碰到问题正好查资料啊。我当时根本没在意他说的话,还是倾囊而出,买了很多铅印讲义。后来才知道,当时人民教育出版社已派人来武汉大学挑选优秀毕业生。经过多方比较,出版社已经决定了录用我。但是在离校之前,我并不知道自己将来的工作单位就是专门出版教材的人民教育出版社。

武汉大学毕业前留影

我到北京的那一天,恰好是毛主席的生日——12 月 26 日,记得天空还飘着小雪。从北京火车站出来,我就直接坐公共汽车到地处西城区大木仓胡同的教育部政治部报到。报到处就在教育部办公楼(现在的南楼)的三楼。那时教育部"反击右倾翻案风"的斗争已经开始。那天五楼正在开大会,我挎着书包直接进了会场。会后,部里便通知我再去沙滩后街 55 号人民教育出版社报到。

到了人民教育出版社门前,发现这是一片有些破旧的古建筑群,三扇朱红大门并列朝南,和我想象中的华美气派的建筑物大相径庭,不免大失所望,心想,怎么把我分配到这样的一个单位啊!后来才知道,这个地方曾是清朝和嘉公主府。和嘉公主是乾隆帝的四公主,因其一只手的两指相连,人们又称其为"佛手公主"。公主楼在大院的后面,两层高,木结构。我和同年分配到社的马盛明、杨松涛都住在公主楼二楼紧靠楼梯的第一间房里。这是一个套间,因为我报到时间较晚,就住在外间。后来才知道,这个大院还真有历史,它始建于明正统十一年(公元 1446 年),是明朝为御马监建造的祭祀马神的神庙。光绪年间,京师大学堂建于此处。后来的北京大学理学院就建在和嘉公主府内。新中国成立后,北京大学的院系全部迁入原燕京大学的校园,和嘉公主府成了中国文字改革委员会和人民教育出版社的办公地点,通信地址曾是"景山东街 45 号","文化大革命"期间改为"沙滩后街 55 号"。

进入新的人民教育出版社,我被安排到大学教材研究室,就是今天的高等教育出版社的前身。我的工作证编号是 125 号,是社里最年轻的员工。初来乍到,我满怀激情与憧憬。

"师父引路"迈进编辑门槛

初到出版社,最重要的就是尽快完成从大学生到编辑的角色转变。在这样的转变中,好"师父"是最关键的。我最幸运的就是遇上了王耀先、朱秀丽、安名勋、沈友益、姚玉洁、李松岩等一大批好领导和好老师,他们不但无私地向我传授编辑出版业务知识,还以公道正派做人、严谨求实做事、扎实有效工作的优良作风为我树立了学习的榜样。

在大学教材研究室,我有幸与研究室的负责人、后来担任高教社副社长的王耀先在同一间办公室上班,得以耳濡目染领导同志的人格魅力。那是工字楼(改建后的 7 号楼)二楼正对着楼梯的一间狭长的办公室,木地板,摆了四张办公桌。他坐在靠窗的位置,我和他之间隔着一张空桌子(后来负责生物的矫永平坐在那儿),我后面坐的是安名勋。王耀先是党支部书记,安名勋是支部委员,我就坐在两位领导之间。一开始不免有些紧张,但是他们都很和蔼,办公室里氛围很好。大家称呼他们"老王""老安",我也跟着这么叫。他们都叫我小张。那时出版社里称呼比较随意,但很亲切。后来才慢慢改称"老师"。现在都变成"主任""处长""总编""社长"这类职务头衔了。我觉得这是受社会上官本位习气的影响,不利于全社人员的和谐共事。所以,我刚担任总编辑后,大家叫我"张总",我很不习惯,也不舒服,但也没有办法。我只好说:"现在大街上到处都是某某总的,也就相当于北京人过去喊的'师傅'嘛。"于是有的员工跟我开玩笑,喊我"张师傅"。

当年老王的一言一行,我都看在眼里,记在心上。他平易近人,一点儿架子也没有,但在工作上认真负责,严格要求,细致入微。那时谁要出差,走之前都要向他请示。他总是嘱咐说:"到了地方,只带耳朵,不带嘴巴,要注意听,不要轻易表态,有问题带回来,向领导汇报。"因为出版社隶属于教育部,出差的人会被视为代表教育部去的。社里有着很好的勤俭节约的传统,就是某个人为某事去某地出差时,领导可能会让他顺道代办其他的公事,以免几个人去同一个地方出差,造成不必要的资源浪费。出差的人回来后,必定向领导做详细汇报,还要提交书面报告。如果没有,老王就会跟他说:"你回去把材料好好整理一下,我们出个简报。"像这样的事,老王总是事前有交代,事后有检查。

在"四人帮"倒台以前,出版社已在逐步恢复出版少量教材和教育图书。老王对自己终审把关的每一部书稿都看得非常仔细。书的前言、后记他都要细看,内容也要抽查。看完了就把编辑叫到办公桌前,一页一页、一个问题一个问题地给他讲:这个地方为什么要改,那个地方为什么可以不动。我在一旁一边看着自己的稿子,一边听着他说的话,心想:原来当编辑要这么细啊!我这本稿子可得看仔细了,免得到了他那儿,给我找出毛病来,很难为情。老王认真负责的态度就像无形的鞭策,督促我一遍又一遍地审读稿件,直到自己觉得心里有底了才发稿。

回想这些细节,其潜移默化中给我深远的影响。实际上,到后来轮到我能审阅稿件或批示公文时,我都会自觉不自觉地像老王一样,把责任编辑或公文起草人叫到我办公室,与他们交换意见,说出我改动的理由,而不是以领导自居,修改后一推了之。

坐在我身后的老安(后来到人民教育出版社任副社长),可以说是一位曾经决定了我人生命运的重要人物——是他去武汉大学选调我来人民教育出版社的。有一次他和我聊天,说起第一次坐飞机的事。他笑着说:"小张啊,要不是你,我还坐不了飞机呢。"原来,1975年8月,河南驻马店水库溃坝,洪水横流,京广线中断,他去武汉坐不了火车,只好坐飞机去了。他说,因为学校想让我留校,因此在武汉大学提供的推荐名单上没有我的名字,但是他通过别的渠道了解了我的情况后,直截了当地向学校提出调取我的档案,又听了系里的介绍,觉得各方面都很符合要求,就选定了我。由于这份特殊的缘分,工作中他一直特别关心、爱护我。我也一直对他心怀感激和敬意。

说起老安到学校选人,确实反映出那时出版社"门槛"很高,不是谁想进就能进来的:能进出版社的人必须是教育部重点院校的优秀毕业生,最好在学校做过社会工作,担任过学生干部。因此,尽管学生毕业时有国家统一分配指标,但出版社选人必须到学校面试后才能确定是否入选。如今,出版社用人制度经历了一系列的改革,"门槛"高低不一。当然,每一次改革都反映了时代的变迁。印象深刻的是,从 1999 年开始,高教社试行向社会招聘,慢慢地形成一种制度,一直延续到现在。当年招聘的那些员工现在都成为各部门的业务骨干,也是社里的顶梁柱。

1976 年 4 月,我参加工作后第一次出差,是跟着沈友益去成都、重庆、昆明等地的大专院校,了解当时学校的培养目标、教学计划、教学方法、教材使用等实际情况,为出版社的教材出版提供参考。我们深入各个院系,和老师开座谈会,白天晚上连轴转。往往是上午下午开会,我做记录,晚上汇总整理,写出报告,经老沈改定,第二天就把原始记录和报告通过邮局寄回北京。我们调研了很多学校,持续了一个月的时间,在此期间先后寄出了六七封信件,让社里及时了解情况。出差回来后,老王表扬我们说:"你们的工作做得非常细,及时地把信息反馈到社里了。"老沈曾是教育部的老同志,工作非常认真,生活非常简朴,这些也对我产生了深远的影响。我们俩出去住双人间,都是学校的招待所,有时候还与学生一起挤在他们的集体宿舍里。他低调、务实的工作作风,也影响了我的一生。后来,我做了社领导,与同志们出差,经常说"住宿条件好些差些无所谓,条件好些的宾馆可以住,条件差些的招待所同样能住",就是源于我曾经有过这样的经历。

1976 年 8 月唐山发生特大地震后,出版社的房子受影响也倒了不少,

1976 年与沈友益(左)去昆明调研学校教学情况时留影

我们只能在抗震棚里上班。那是北京最闷热的季节,老同志们在极为艰苦的条件下仍然勤勤恳恳、兢兢业业地加工稿件。此情此景深深地触动了我的心灵,让我终生难忘。记得有一位负责电工专业书稿编辑加工的老编辑姚玉洁,为了核实书稿中的一个数据,大老远地跑到她的母校清华大学,进实验室做实验来验证这个数据。在编辑业务方面,我的启蒙老师是负责物理专业书稿编辑加工的李松岩和负责电工专业书稿编辑加工的陶思雨。具体如何看稿子,如何做编辑加工,甚至每个标点符号的用法,都是他们手把手教会我的。我经常主动向他们请教,他们也总是耐心细致地、毫无保留地教我怎么做。那时,教材中的习题及其答案,都要求编辑一一核对。我在加工书稿的过程中,也经常去北京图书馆和北师大图书馆翻阅资料来查证、核实一些疑点。(可惜现在,因为加工、发稿、看样、市场调研等工作量超大,有些编辑心浮气躁,不能扎实沉潜,很少有人能够这么谨慎小心、字斟句酌了。)

老同志们身上所体现的那种艰苦奋斗的敬业精神和一丝不苟的严谨

作风,在不知不觉中感染了我、教育了我。出版社的优良传统,就是通过他们的以身作则与言传身教,潜移默化地融入我的血液之中。后来我在编辑和行政管理工作方面获得的许多知识和感悟,都是在老同志们身边熏陶浸染而来的,这让我终身受益,也感激不尽。

编辑第一本书稿

我从事编辑工作的处女作是《热处理电工学》。这本书是当年学习清华大学"以典型产品带教学"的一个产物。记得毛主席逝世的那一天(1976年9月9日),我正在湖北农业机械学院出差,为《热处理电工学》组稿。惊闻噩耗,我当即痛哭失声。好在组稿工作已经完成,第二天我就赶回北京,参加哀悼活动。出版社设置了吊唁主席的灵堂,非常庄严肃穆。我在主席遗像前暗下决心,要继承他老人家的遗志,认认真真做好本职工作。对主席的这种虔敬的信念,曾经有力地强化了我的上进心和事业心。而《热处理电工学》的编辑过程,则使我真切地认识了这份本职工作涉及的方方面面,体会到其中的酸甜苦辣。

尽管有老同志的"传帮带",可我毕竟是第一次独立编辑一本书,没有什么经验,《热处理电工学》书稿中还是留下了一些漏改、错改之处。当时是铅字排版,插图制版则用镀锌的铅版。清样出来以后,改错别字还容易些,把活字抽换一下即可;而如果要加字或减字,则会给排版工人带来很大的麻烦。比如某个段落删掉几个字,后面的铅字就得一行一行往前推,工作量相当大。为了减轻工人排版的劳动强度,我们通常在删字的地方再补上同样数量的几个可有可无的"废字"。可是,如果插图出了问题,修改的难度就大了。因为铅板已经铸好,很难改动。比如图中的 A 上面多了一撇,要去掉很不容易，必须用金刚石刀具一点一点地刻掉。万万没想到的是，我第一次编的《热处理电工学》竟然有十几块铅板需要做这种敲敲打打的修改工作。负责此事的是出版设计科的两位老师，一位是男的，叫唐锦泉，一位是女的，叫丁一，都与我挺熟的。那天，他们把我叫过去，批评我说："你看你加工的稿子，怎么搞的嘛，要改这么多！拿个刀，你自己干吧！"他们那时做编辑辅助工作，对编辑有时还是很不客气的。但我向来尊重老同志，与他们的关系一直很融洽。这件事一开始我觉得他们有点儿故意为难我，后来意识到，正是他们的"为难"，让我有了如此宝贵的体验——手握刻刀，小心翼翼，坚持不懈，费了好大的劲儿才把那十几块铅板上该去除的东西去掉。

这件事给我留下了特别深刻的印象，也对我的整个编辑出版生涯产生了深远的影响。我从中获得了一个十分重要的经验，也可以说是教训——编辑加工稿子的时候，一定要一丝不苟、慎之又慎，力争定稿前把错误消灭完，一旦出了清样，除非涉及原则性的问题，可改可不改的地方就不要再改了，否则排版工人要付出很多额外的劳动。现在使用计算机排版，发排后改动不像以前那么困难，但我认为这个理念还是应该坚持。因为在计算机上改动也有可能出现新的问题，比如误操作导致的意外差错等。修改书稿慎之又慎的观念，以及编辑工作各个方面的基本知识，最初我都是通过编辑《热处理电工学》这本书获得的。

老同志的引导，我自己的实践，点点滴滴经验和教训的积累，让我慢慢地具备了一名合格编辑的基本素质。1982 年 4 月，我获得助理编辑职称。助理编辑是我获得的第一个正式的编辑职称。当别人问起我的职业时，我总是高兴地说，我是一名编辑（尽管是初级）。在与作者打交道的过程中，我也充分体会到了编辑岗位的神圣感和自豪感。因此，我十分珍惜"编辑"这个称号。

在申报助理编辑职称时，我在《业务自传》中总结了自己业务学习和成长过程中的一点体会："回想起来,自己的业务学习和成长基于两方面的因素。一方面靠老师(在学校)、老同志(参加工作后)的指教、帮助,这是外因;另一方面,我认为也是更重要的,就是内因,任何事情都要靠自己花力气去干……到出版社后,也是通过在工作中观察、模仿、学习老编辑同志的工作方法,如书稿技术加工、行文、出差调研与参加会议注意事项等。"

当年总结的这两点体会,直到 1986 年 11 月被聘为编辑,1993 年 9 月被聘为副编审,1999 年被聘为编审,乃至今天,我都认为是正确的。学习和继承前辈的优良传统,充分发挥自己的主动性和创造性,这也是我投身教材出版事业几十年来的工作心得和人生经验。

喜迎老同志回社

"文化大革命"结束后,随着教育界的拨乱反正,新的人民教育出版社的教材出版工作也在整顿恢复之中。1977 年 8 月,当时主管科教工作的中央副主席邓小平同志做出指示,要重视教育,"关键是教材",要求首先集中力量编印教材。新教材既要反映最先进的科学技术,又要符合精简的原则;既要吸收外国教材中有益的东西,又要结合我国社会主义建设的实际。为了加强教材建设,解决学校面临的"教材荒"问题,小平同志特批了两百多个进京指标,让教育部调回原人民教育出版社和原高等教育出版社的编辑骨干,并从全国各地借调人员充实编辑队伍。于是,一大批下放到"五七"干校的老同志陆续返回北京,回到出版社。因为我是当时社里最年轻的成员,接待、安置他们的任务就责无旁贷地落在了我的肩上。做好这批老同志回社的服务工作,从某种意义上讲,也是一项政治任务,所以我高度重视,全力以赴,热情接待。只要有老同志来了,一个电话过来,无论昼夜,我随叫随到。在北京火车站举着牌子接到人后,我一般是把他们送上 103 路无轨电车,告诉他们在沙滩站下车,沙滩站那边还有人负责接应。前后大概有半个月的时间,我几乎每天都去北京火车站。有时在白天,有时在深夜,作息非常不规律。但我没有怨言,尽量克服困难,高质量地完成了任务。这半个月来接待的主要是编辑人员,有蒋栋成、殷继祖、冯克正、邓应生、吕耀华、于琛等,还有一些行政、后勤的干部,也陆续从干校回到北京。

　　人回来了,得有地方办公、休息。人教社的平房在 1976 年受唐山地震影响倒了一些,现在又来了 200 多人,办公与生活用房都特别紧张,无法满足基本的需要。为解燃眉之急,教育部和北京市建委、计委特批人教社修建一栋 5000 平方米的办公楼和两栋宿舍楼。社里又派我参加基建工作,我二话没说,服从组织安排,停止编辑业务,暂时离开编辑室,去基建处上班。我奔波于建委、计委、教育部,走基建审批程序,前后大概有半年多的时间。我主要参与了办公楼的规划设计、现场管理和设备采购等具体工作。当初做规划时,景山地区对楼层高度有限制,最高只允许盖三层。但是要建楼,就得拆掉很多平房,又增加了那么多人,三层楼还是不够用。好在中央比较重视,有关部门表示支持,也就"特事特办"。经过多方面的努力,最后决定盖五层。

　　办公楼设计了地下人防工事,里面要装配发电机组,而且建楼前必须先在地下安装好。这就要求发电机组必须按时到货,否则肯定影响建设进度。那时,国家实行物资统分政策,但也需要派人去设备生产厂催货、提货。基建处处长宋骏同志考虑到我是河南人,在洛阳有些老乡关系,叫我去洛阳发电设备厂办理此事。我愉快地接受了任务,心里也比较有数。因为上大学之前在家乡当拖拉机手和大队会计的时候,曾经去洛阳购买过拖拉机零件;大学期间曾在洛阳拖拉机厂和洛阳轴承厂实习,也认识一些人。我到洛阳后经过努力最终顺利完成了任务,催促工厂将指标内的发电机组按时发货,确保了办公楼配套设施如期施工。

1977 年 10 月,国务院批转教育部《关于 1977 年高等学校招生工作的意见》,恢复了高考制度。紧接着,11 月 3 日,教育部、中国科学院联合发出《关于 1977 年招收研究生的通知》,研究生的招收培养工作也开始恢复。和我同年进入出版社工作的其他同志有的报考了研究生。那时我刚结婚,还没有小孩,也想抓住这个机会去学校深造,以便更好地适应教材编辑工作的需要,于是去找社领导张玺恩申请考研。张玺恩个子非常高,大家都昵称他为"大老张"。他对我们年轻人也非常关心,过年过节都邀请我们到他家里做客。老张给我做思想工作:"现在社里调来这么多同志,没有地方办公,也没地方住,咱们急需房子,工作需要你留下来搞基建。你做这些后勤服务工作,也是为教材出版事业做贡献嘛。你还年轻,以后有的是机会,不用着急……"领导这么一说,我也觉得自己应该服从安排,顾全大局,就暂时放弃了考研的机会。尽管直到退休,我还戴着"工农兵学员"的"帽子",今日想来我也无怨无悔。这是历史,谁也改变不了,毕竟每个人都有各自不同的人生轨迹。

随着老同志们的陆续回社,教材出版工作逐步展开,我很想回到编辑岗位上。大老张告诉我:"你什么时候能离开基建,取决于陈毓汉和黄永存两位老同志什么时候能回到北京。"于是我天天盼着他们的到来。这两位老同志以前都是搞后勤的。1979 年上半年,他们终于回来了,我也返回大学教材研究室做编辑工作了。到了 9 月份,办公大楼和图书馆竣工,彻底解决了人教社办公场所紧张的难题。位于沙滩后街 55 号的这座办公楼(后来改为华育宾馆),至今仍在使用中。那两栋宿舍楼,排序是 3 号、4 号楼,高教社和人教社各分管一栋,现在仍在发挥它们的作用。

投身"三年规划",解决"教材荒"

在我接待老同志回社和参与基建工作期间,大学教材研究室在王耀先和朱秀丽两位负责同志的主持下,研究制定了高校教材出版"三年规划"(1978—1980),以解决高考恢复后高校面临的"教材荒"问题。1977级大学生入校后,教材需求量一下子增大了很多。人教社(高教部分)只好采取应急措施,把"文化大革命"前出版的教材找出来,让编辑人员通读一遍,没有政治问题的就直接重印。1978年2月,国务院批转教育部起草的《关于高等学校教材编审出版工作若干问题的暂行规定》,提出要"有计划、有步骤地加速高等学校的教材建设工作,努力做到1978年秋季新生入学就有新教材使用,1980年以前编审、出版一套质量较高的通用教材,以及相当数量的教学参考书、工具书"。1978年8月和10月,教育部分别在北戴河和北京召开了高等学校理科教材座谈会和工科基础课程教材座谈会,确定了人教社(高教部分)代教育部拟订的高等学校理科和工科基础课程教材编写规划。会后,人教社(高教部分)将两个规划汇总上报教育部。教育部审核批准后于次年3月下达了《高等学校理科基础课程教材编写出版计划》和《高等学校工科基础课程教材规划》这两个"三年规划"的正式文件。

说起教育部高等学校教材编写规划的制定,从"三年规划"到"六五""七五""八五""九五",直到现在的"十三五"规划,这里有一个演变发展过程。首先,从规划内容说,由"编写规划"发展到"出版规划",由一般教材规划发展到重点教材规划,由指令性规划发展到指导性规划。其次,从制定过程看,开始由高教社代教育部拟文,具体说是由高教社各学科编辑根据学校的需求提出教材编写或出版初步方案,社领导汇总修改后报教育部审核批准、下发。后来,随着市场经济的发展,虽然高教社是教育部的直属事业单位,但企业化管理的成分越来越大。教育部为了体现公开、公正的原则,也吸收了其他一些承担教材出版任务的出版社,参与教材规划的调研、制定与实施。再有,为了制定好教材规划,教育部开始聘请专家成立了"高等学校教材编审委员会",后来拓宽为"高等学校教学指导委员会"。在这个过程中,高教社一直都是联络员单位。因此,各个高校在教材编写、出版、使用等各个环节,都自然而然地对高教社投以信任的目光。这是高教社事业发展中宝贵的精神财富,务必要像爱护眼睛一样珍惜它。

"三年规划"的制定和实施,是为了解决青黄不接之际的教材使用问题。这一历史转折时期的"三年规划",一开始我算是间接参与。正如社领导大老张所说,我那时去做后勤服务工作,是为"三年规划"的顺利实施提供后勤保障的。返回编辑岗位后,我就直接参与了"三年规划"后半段的实施,特别是理科规划的实施。物理学"四大力学"教材的审稿会我都参加了,跟着老同志们学习了许多编校知识。印象最深的是,我第一次参加审稿会,与邹延肃一起去山东参加《热力学与统计物理》的审稿会。这本书是在一本已经试用了两三年的学校讲义的基础上,由山东大学、武汉大学等四五所学校联合编写的。审稿会召集了三四十位专家,集中在济南东郊宾馆,一章一节地审读,前后有一个星期的时间。我不禁感叹:一本好教材可真是来之不易啊!我以前编的书,都是稿子来了我再加工。没想到编辑加工前面还要做这么多、这么细的审稿工作。这次审稿会让我见识了一本好教材的编写之难和审稿之严,见识了老一辈学者、专家们严肃认真、一丝不苟的职业风范。这些在我心中树起了一个很高的教材编辑出版的标杆,也让我了解了编辑加工稿子之前的审稿工作是怎么回事儿。它与编辑加工"三审制"一样，也要坚持"三审制"。反观现在有些作者，自己编写的教材一脱稿，不经教学实践，就要求出版社马上出版；审稿会也往往流于形式，大家随便翻翻，写个结论，半天完成。如果能开上一两天的会讨论书稿，就算是很重视了。这样怎么可能产生高质量的教材呢？

实施"三年规划"期间，在我们的办公大楼尚未竣工之前，出版社有一段时间曾租用中华全国总工会干部学校（现中国劳动关系学院）办公，地点在海淀区增光路。原来大家多住在单位院里，上班很方便。现在要去那儿，大家心里未免有些想法。不过，社领导做了动员工作。大家每天都坐社里租来的大公共汽车上下班，中午可以在培训中心用餐，基本上没有影响工作的正常进展。

那时我的孩子刚一岁，编辑室主任李松岩挺照顾我，让我在家看稿子。虽然是在家里工作，我也严格要求自己，绝不懈怠放松。我基本上隔一天去一次单位，在家工作发现的问题，第二天去单位时想办法请教老编辑或查阅资料，把它解决掉。当时又要看小孩，又要做工作，而且不能出任何差错，难度实在不小。家庭压力也大，但我还是尽心尽力、保质保量地完成了编辑任务。

当时，在人员短缺、物质条件极为困难的情况下，人教社（高教部分）顺利完成了教材"三年规划"，共出版教材1000余种，基本上满足了当时高校恢复正常教学的需要，初步解决了"文化大革命"过后高等教育面临的教材短缺问题。不过，由于时间紧迫，出书仓促，部分教材的内容和质量尚存在一些问题，教材品种也还不够齐全。1979年年底，教育部先后在北京召开了高等学校工科和理科教材编委会预备会议，总结经验，提出1981年到1985年教材工作的指导思想和方针任务。从这个"五年规划"起，我们国家的教材出版工作才真正走上正轨，与整个国民经济和社会发展的"六五计划"同步推进。

在历练中成长

1980年11月，教育部下达了由人教社（高教部分）编制的《高等学校理科和工科基础课程教材五年（1981—1985）编写规划》。《规划》中指出："在已有教材的基础上，大力提高质量，进一步扩大品种，逐步编写或修订出一套质量较高、符合教学大纲要求的教材和相当数量不同风格、特色的教材及教学参考书，翻译出版一大批外国教材。"并明确要求："保证教材质量和按时足量供应学校，做到课前到书，人手一册。"

"六五"期间，非常重要的一件事情是国家恢复重建了高等教育出版社。而从1981年到1985年，也是我工作内容变换比较频繁、跨度比较大的5年。从具体编辑业务到出版社行政管理，从出版社到中央机关，其中经历了角色转换时的紧张与兴奋，也经历了人生重大抉择时的纠结与权衡。对于一个刚毕业不久的年轻人来说，这些变化确实有些重大、有些密集，但是现在回过头来看，它让我自然地感受到我国高等教育出版的历史发展，特别是当年高教社将经营管理职能赋予社办公室的特殊定位，使我对高教社这些重大决策和发展成就非常敏感和关注，理解了高教社的工作格局，也锻炼提高了自身的能力。我身临其境，在潜移默化中历练成长，学到了很多，悟到了很多，受益终身，为日后从事出版社管理工作奠定了重要的基础。

"回炉"充实文化知识

1981 年 12 月 23 日，教育部宣布了新的人民教育出版社领导小组名单。小组的第一组长由教育部副部长浦通修同志兼任,组建了新一任领导班子,同时宣布成立三个编辑部:大学教材编辑部、中小学教材编辑部、教育教材编辑部。其中,大学教材编辑部就是原来的高教部分,由大学教材研究室演变过来的。当时明确了分管大学教材编辑部的四位副总编辑:祖振铨、王耀先、尹敬执和祝世华。经过此前的基础建设、人员调配等一系列工作,大学教材编辑部的建制基本齐全,步入正常工作状态。大学教材编辑部下设 8 个编辑室,我在物理编辑室,当时的职位是助理编辑。所以,我进入出版领域,是从编辑起步的,后来因工作需要才做了一些行政管理工作。

既然进入编辑序列, 我就自然要考虑自己工农兵学员出身的背景,毕竟专业基础还是薄弱一些。因为在那个年代,工农兵学员入学文化程度参差不齐,有高中毕业的,也有初中甚至小学毕业的。我无论怎么说还是个 1968 届的高中生。因为文化程度不一,所以在大学里学的东西是不完整的。幸运的是,正好赶上那时何东昌提出要为工农兵学员"回炉"补课。所谓"回炉",一是文化课补习,一是技术补习。特别是理工科院校毕业的学生,没有理论和技术不行。我也因此得到了一个充实知识、提高能力的机会。

当时我心里就想, 入社五六年,经历了那么多周折,终于又回到了编辑室,该好好把业务抓一抓了。特别是我所学的物理学的专业基础课,即"四大力学",在学校的时候学的内容少,应该好好补补课。当时,社里很支持工农兵学员"回炉"补课。我记得王耀先副总编辑热情地问我:"小张,你看看是不是要补一补课? "于是,我向社里打了报告,社领导很快同意了我的进修申请。经过组织上安排,我去北师大插班学习,整整补了两个学期。

　　完成补课任务要克服两个难关。一个是面子上有点儿过不去。我已经过了 30 岁,和当时 1981 级的学生一块儿上课,感到很不好意思。所以,我去听课无论早还是晚,都坐在教室里最后一排。有些同学知道我的情况,都亲切地说,老大哥来了。授课老师知道我是高教社的编辑,而且年龄偏大,也都对我比较客气。实际上他们都很关心我,但是,作为我自身来讲,心理障碍确实比较大。这一关后来总算过去了。另外一关是,要克服家庭困难。我的儿子张濮 1979 年 7 月出生,1981 年,他不到两岁,需要有人照看。那时候社内没有幼儿园,我母亲身体也不好,右胳膊残疾,即使能从老家来帮着照看孩子,也没有房子住。我爱人杨秀喜为了支持我,全力保证我安心补习,额外承担了很多压力。她从部队转业到公安系统,没生小孩之前连年被评为优秀党员。孩子出生以后,尤其在我参加补课期间,很多时候她连完整出勤都无法保证。为了家庭,为了我的成长,她做出了不少牺牲。那时候家里还没有经济条件买自行车,我借了社里一辆旧的"永久牌 28 大梁"公用自行车,每天早晨起来,从沙滩骑自行车,半个小时到北师大,途中经过新街口,找个小店简单解决早点问题,8 点之前保证到校。有时下午有课,中午就在学校简单垫补一点儿,下午继续上课。晚上到家,又要做作业,又要照顾孩子,那种艰难程度可想而知。但不管怎样,总算咬紧牙关挺了过来。

　　我十分珍惜这次学习的机会,认认真真地听课、做作业,最后顺利完成了所有的补习课程(高等数学、数学物理方程、理论力学和电动力学、热力学与统计物理学等),成绩都在 90 分以上。高教社其他几个工农兵学员,像岳延陆等人,也都补了课,而且成绩也都不错。这对增强以后的编辑业务能力大有裨益。

　　提高编辑业务能力的另外一个重要方面,是提高外语水平。我中学阶段学的是俄语,自认为学得还不错。那时候,记得还通过一本俄语杂志与当时苏联一个中学的学生取得联系,双方通过书信可以用俄语进行交流。上大学后,改学英语,跨度比较大。所以,我的英语基础比较弱。但是显然不能花时间去专门补习英语了。那怎么办呢?到出版社工作后,我就凭借大学里学的基础知识,依靠工具书,通过审阅试译稿、加工外文书稿等工作,在工作实践中锻炼提高自己的英语水平。当时社里还支持编辑开展翻译资料和图书工作。我翻译了两本书,一本是在老编辑范印哲带领下做的,和西北大学刘志远老师合作翻译了英国曼彻斯特大学编写的《固体物理学》,我承担了15万字的翻译任务。另外一本是《固体的电子结构》,13万字,是我自己独立完成的。两本书分别于1983年和1985年在高教社出版。主审是当时物理室的梁宝洪主任。他认为我翻译得还不错。在英语方面,我最后达到的水平是:虽然口语较弱,但是具备了借助工具书翻译稿子、审读加工英语稿件的能力。后来,为了落实国际合作协议,社里打算派我到美国威利父子出版公司实习半年以上(这也是社里对我的培养和厚爱)。为此,我于1989年3月到1989年7月在北京外国语学院英语短训班学习,成绩是:阅读5,精读5-,听力5-,口语4+。遗憾的是,由于1989年"六四事件"的影响,实习一事未成。在此之前,社里履行协议,派林梅到威利父子出版公司实习了半年以上。1989年7月,"国际应用教育学会"在人民教育出版社举办了口语班。我也参加了培训,结业成绩是4.5。

要想做好编辑工作,仅靠英语还不够,所以我又选择了学日语。当时日语编辑室有两位负责日语的老编辑,一位叫赵德庸,一位叫尹学义。两位都是东北人,对我很好,一见面就"小张,小张"地叫着,非常亲切。一方面,有这两位老师的指导;另一方面,1980年4月,我还在中国计量科学研究院参加了日语短期进修班,考试成绩合格,获得结业证书。还有,大连理工学院基础部物理教研室的一位姓郭的作者,他日语不错,经常到社里与负责工科物理的一位老编辑汤发宇老师洽谈书稿,我借机请教他,他也给予我很多指导。这样,我逐渐可以借助词典阅读一些日文科技书刊。正好,我翻译的那本《固体物理学》，当时社里图书馆既引进了英文版，也引进了日文版。我在翻译过程中，英语和日语两相参照，也巩固了日语知识。

那段时间，我有意识地锻炼自己、提升自己。我想，好不容易回到了编辑室，我一定要把编辑业务做好。为了更好地适应编辑业务需要，一定要想方设法多方面提高自己的能力。我也想通过不懈的努力来证明自己：虽然工农兵学员经历的那段历史只是时代的产物，谁也改变不了，但工农兵学员经过努力完全可以具备正规教育培养的文化素质，甚至有可能做得更好。

为高教社恢复重建献力

1982 年 9 月，党的十二大胜利召开，国家首次把教育确定为我国社会主义现代化建设的战略重点之一。要求高等教育必须加速普通高等学校和广播电视大学、业余教育、函授教育、夜大学、职工大学等多种学科多种办学形式的发展。同时，不断提高教育质量，为国家培养更多合格人才。相应地，教材建设事业也必须推进到前所未有的深度和广度。

在这样的背景下，教育部于 1983 年 5 月决定恢复重建高等教育出版社。这是高教社建社以来第二次（第一次是在 1965 年）从人教社分离出来，第三次开始独立经营。国家重建高教社的目的，是为了适应高等教育的调整与发展，组织编写、出版一整套具有中国特色的、与社会主义现代化建设相适应的、满足各种层次和规格及办学形式需要的高校教材。

高等教育出版社恢复重建，是高教社历史发展中的一件特大喜事。全社员工迫切希望党和国家领导人题写社名。考虑到专门出版中小学教材的人民教育出版社的社名是新中国成立后毛泽东同志题写的，那么专门出版高等教育教材的高教社，全社员工都希望邓小平同志能题写社名。后来社办公室胡延华(她原在中央办公厅机要局工作,后从"五七干校"分配到高教社工作),通过田鹤年,向中办提出请求。没想到很快,邓小平同志于5月5日亲自为高教社题写了社名。这体现了邓小平同志对教育、对高等教育出版社的高度重视。

邓小平同志为高教社题写社名,极大地鼓舞了全体高教人奋发向上的工作热情。为满足高校日益增长的教材需求,高教社开始加速建设,扩大规模,大力发展,走上了充满希望的"第三次创业"之路。从1983年到现在,是高教社半个多世纪历史上发展最快、效益最好的时期。

重建后的第一任社领导班子中,祖振铨任社长、总编辑、党委书记。那时高教社社长是时任国务院总理赵紫阳委任的。王耀先任副社长、副总编辑、党委副书记,杨陵康任副社长、副总编辑,于国华任副社长。

社领导班子建起来了,还需要充实社办公室成员。我记得那是一天晚上,我在办公室加班翻译书稿,社领导蒋栋成也来办公室加班。他看我正在忙着,就等到将近十点钟快要熄灯回去的时候才找我聊天。他说,高教社马上要恢复重建,社里要成立社办公室,问我有没有可能来办公室工作。我听了以后很纠结,本来从学校到出版社,是要做编辑业务工作的。到了出版社以后,先是服从安排做了一段时间的行政接待和基建工作。后来自己又"回炉"补课,又学外语尝试翻译书稿,努力提高自己的水平,一切都是为了当好编辑做准备。现在回到编辑室,刚刚踏实下来,突然间冒出这个机会,让我很是犹豫不决。当时,和我同时期入社的杨松涛还在生物编辑室,马盛明还在力学机械编辑室。说实话,当时在情感上我非常舍不得离开物理编辑室。

到底是继续往编辑业务上走,还是做行政管理工作? 对我来说,实际上面临截然不同的两种选择。后来我想,我虽然一直想走编辑业务这条路,但自己在编辑业务上毕竟有欠缺,存在"先天不足",所接受的系统训练肯定比不上恢复高考以后的毕业生水平。通过工作实践来提高,意味着要比常人付出更多的时间，而家里孩子又小，也确实面临现实困难。而做行政管理工作，我觉着自己还行。因为上大学前在生产队当过会计，上大学时做过学生会干部，都不同程度地接触过管理工作。到了出版社以后，我逐渐了解到，出版社的工作是"三十六行，行行都有"：有做编辑业务的，有做生产的，还有做后勤和行政管理的，等等。这样一想，到社办公室也不是不可以，可能还是一个明智的选择。纠结之余，几经思量、多方权衡之后，我同意去社办公室工作，换一种方式为恢复重建后的高教社发展献力。

这是我职业生涯的一次重大转折。现在回想起这段成长历程，我觉得无怨无悔。这段经历为自己日后从事出版社管理工作奠定了很好的基础。

从 1983 年到 1985 年，我在社办公室主要做了四个方面的工作。

一是负责经营管理。宗洪生负责全面工作。我和吕彩琼都是正科级秘书，工作上稍有分工。我抓经营管理，她抓行政管理。高教社从重建之初，祖振铨社长就十分重视经营管理，追求两个效益同步发展。首任领导班子在《开创高等教育出版社新局面的指导思想》中明确提出：在保证社会效益的前提下，必须搞好经营管理，将自己的出版物能够顺畅地送到读者手中，尽力提高市场占有率，改善经济效益，为出版社的发展提供经济上的保证。

为了适应当时已经初现端倪的教材市场竞争局面，高教社开始探索建立比较灵活的经营、运营机制。有些做法现在看比较初级，但在当时已经很有突破性，比如筹建发行部门，内部管理推行责任制等。祖振铨社长的这些想法，必须有人去落实。自然地，社办公室就要去具体思考、设计并推动实施。由于经营意识超前，起步迅速，高教社很快就走出重建初期经济效益低下的困境，朝着正常健康发展方向迈进。

二是为祖振铨社长起草年度工作报告。记得 1983 年年底第一次工作报告是祖振铨社长亲自确定的题目——"全面开创高教社建设的新局面"。这借用了胡耀邦同志在党的十二大报告的题目"全面开创社会主义现代化建设的新局面"。开始时我没有经验,祖振铨社长对我进行悉心指导。他对我讲,报告要分成两块:一块是取得的成绩,全面梳理各部门都做了哪些工作;另一块是下一步的思考,要求我在收集材料的过程中,注意征集同志们对日后工作的想法、意见和建议,形成发展思路。按照祖振铨社长的要求,我拟出初稿送给祖振铨社长修改。后来,我从别人口中听说,祖振铨社长对我起草的稿子比较满意,认为逻辑性比较强。以后,我又陆陆续续做了不少其他文件的起草工作。

三是改善开会场所。高教社恢复重建时,办公条件极其艰苦,连会议室都没有。当时祖振铨社长也不是单独一间办公室,他和杨陵康副总编辑在一起办公。我向祖振铨社长建议,高教社需要有一个会议室。祖振铨社长表示同意,让我着手去办。当时,由行政处协调,在沙滩办公楼五楼东楼梯口左侧挤出两个房间用作会议室。那时不像现在,可以花钱置办沙发等家具。当时高教社、人教社用的沙发都是"文化大革命"年代留下来的,还戴着有时代印记的沙发套,而且型号不一、大小不一,摆在一起挺难看的。怎么办呢? 我想办法搜寻到型号差不多的三人沙发、双人沙发,凑成几组,搭配布置,在五楼凑成了一个简单的会议室。这样,社务会可以在那里开,社领导接待外面来的客人也有了地方。这个会议室后来因工作需要改为绘图科办公室,会议室搬到楼下简易活动房。布置会议室这件事情虽然不大,但留给我的印象很深:办公室人员在其位谋其政,当好领导的助手,就体现在这看似不起眼,但又不可或缺的细节中。

四是参与 30 周年社庆系列活动的筹备工作。我是社庆筹备小组成员之一,根据社务会的决定,主要做了三项大的工作。

第一,举行庆祝高教社建社 30 周年暨高等学校教材建设茶话会。此次茶话会本来计划在 1984 年 5 月召开,后来由于时间紧张,改在 7 月 9 日。会议筹备工作有两项:一是邀请领导。当时邀请到了全国人大常委会副委员长严济慈、教育部部长何东昌、教育部副部长黄辛白出席并讲话。严济慈副委员长是高教社的作者,主编有《热力学第一和第二定律》等书。二是会场布置。在那个年代的特定条件下,也是一件相当需要花费心思的工作。首先是会议地点。当时根本没想过定在社外,于是选定在社内三楼电教馆,采用茶话会的形式,从社外借来小圆桌,参会领导嘉宾围坐在圆桌周围。其次是圆桌上摆放的茶点,有蛋糕、糖果、花生等小食品,是当时负责团委工作的尹洪、肖娜等一帮年轻人买来的。还有桃子,是车队黄友衡在农村桃园买来的。我还动员大家亲手洗刷桃毛,结果弄得大家手痒得不得了。

7月9日上午开会,但7月8日就要摆放好桌椅、茶品等,否则当天早上来不及。然而,7月份天气炎热,屋里没有空调,摆好后必须开电风扇。有人提出,开电风扇不行,因为吹一晚上蛋糕会变干。我说,那还是别开了,茶点在保质期里,应该问题不大。但后来又有人提醒:会议室晚上会有老鼠活动。这可是个大问题。于是,那天晚上,我、吴勤,还有团委的几位同志就在会议室里值班把守,忙了一宿。7月9日早晨,我们还没来得及回家换衣服,一看快到9点,有的领导就来了,而我还穿着文化衫、大短裤。黄友衡说:"小张,这样可不行,你是社办的,哪能穿大短裤参加活动呢!"结果那天我穿着他给我"救急"的长裤和衬衣参加了茶话会。

第二,召开老同志座谈会。当时许多老同志都还健在,我记得有纪昌、于卓、顾治中等老一辈高教人。社里请他们来回顾高教社的发展历程,既是庆祝活动的一部分,也是为后续编辑《三十春秋》做些准备。因为许多人我都不太熟悉,社里请皇甫束玉同志做顾问,我就按照他的指导去筹备。召开座谈会需要会议室,但当时高教社没有会议室,于是借用了二楼人教社的会议室(位于现在华育宾馆二层西侧)。

第三,编印纪念文集《三十春秋》。这项工作实际上在1983年高教社恢复重建之时,祖振铨社长就有考虑。当时束玉同志已退休,社里特意邀请他做顾问,我是责任编辑。绘图科的老同志符昂扬负责装帧设计,他力求美观大方。我在束玉同志的指导下,积极组稿,与包闻天、周连芳等老同志深入接触、沟通,力求在准确反映历史事实的基础上,把高教社的优良传统总结出来,传承下去。为了使这本书更有影响,社里还请了全国政协副主席赵朴初题写书名。这本书从策划、组稿、加工到插图、设计、整体布局,历时差不多一年时间,我全程参与了。这本书虽不是公开出版物,却是一份高品质的高教社历史资料。通过编辑这本书,我对高教社的历史和传统有了更多、更透彻的了解,也对如何做策划工作、如何做责任编辑有了初步的体会。所以说,编辑这本书对我个人的成长也是非常有意义的。

借调中办秘书局编辑《秘书工作》

1983 年,社领导蒋栋成在中央党校学习,他的同学中有一位是中央机关事务管理局的领导。经这位领导引荐,我认识了中办秘书局常务副局长李欣。李欣长期跟随杨尚昆同志工作,多年来积累了丰富的秘书工作资料。他有一个想法,准备整理出版《秘书工作》一书,想从高教社借调一个人帮他做这项工作。蒋栋成老师学习结束回社后找到祖振铨社长,汇报此事并推荐我去。由于我正在筹备社庆活动,因此社里就与秘书局商量,等社庆活动结束后再过去。7 月 9 日,社庆茶话会结束,我又处理了一些其他的事务,到了 7 月下旬,我就正式被借调到了秘书局工作。

我去了以后,李欣将材料交给我。材料有的齐全,有的不齐全。不全的,我就到中央档案馆、中办图书馆去查找。基本工作模式是李欣副局长口述,提出思路,我根据他的思路去搜集资料,整理成文。从 1984 年 7 月底到 1985 年 1 月,仅半年多时间我就完成了书稿整理工作并编辑加工发稿,1985 年 5 月由高教社正式出版。

整理出版这本书,我有一个很深的体会:办公室工作是秘书工作的一

在中南海办公区陪同杨陵康（中）、张元直（右）出席《秘书工作》编委会工作会议

个重要组成部分，我在高教社办公室的工作，从"大巫"看"小巫"，大小道理都是一样的。就是说，不管在哪里，都应该认认真真、兢兢业业地做好每一项工作。编辑有编辑的功底，办公室也有办公室的诀窍，都不能掉以轻心，麻痹大意。所以，整理出版这本书，为我做好办公室工作，提供了一个难得的学习机会。

当时，虽然编书任务于 1985 年 1 月已基本完成，但我并没有马上离开中办秘书局。因为社里当时工作还不是太紧张，而中办又想让我帮助多做一些其他的工作。所以，1985 年 7 月我才回到社里。

借调期间，恰好赶上 1984 年 10 月在京西宾馆召开的党的十二届三中全会。这次全会由胡耀邦同志主持，最后通过了《中共中央关于经济体制改革的决定》，确认我国社会主义经济是"公有制基础上的有计划的商品经济"。这一理论上的重大突破为我国经济体制的改革指明了方向，也为出版领域的发展提供了新的理论依据。这样的会议，中办秘书局肯定要介入会议的有关工作。作为借调人员，我有幸参加了会议的秘书工作。根据工作需要,大会秘书处会务人员分成简报组、秘书组等小组。我被安排在秘书组,任务是如实记录、反馈相关小组的讨论情况。白天参加会议,晚上整理文件,10点钟以后必须上交。当时我参加的小组由时任福建省委书记的项南担任组长。在接触中,我深深感受到这些老同志很平易近人,也很幽默。项南在发言时讲到工作中比较得意的地方,或者是他认为应该强调的问题时,就会特意提示我们:"你们负责记录的几个小伙子,一定要把这点记下来!"参加会议期间,晚上我还会帮着传递一些文件。中央办公厅公文流转都有特定的程序,要求非常严格,也给我留下了深刻的印象。

出席李欣主持的秘书工作座谈会

借调期间,我还有一个切身感受:党和国家领导人在日常生活中很关心机关工作人员,很有人情味。当时我在那儿的工作条件比较好,就住在中南海,距离中南海西门很近。我基本上吃住都在那儿。办公室在李欣副局长的隔壁,中间的洗手间是我们共用的。我也接触到秘书局办公室的一些人员。有一次吃过晚饭,办公室的一位大姐,就是毛主席的卫士长李银桥的夫人韩桂馨,给我送来几个苹果。我问苹果是从哪里来的,她用带有家乡口音的话告诉我："这是总书记送来的苹果！"原来，西藏自治区位于高原地带，很难种植苹果，在党中央的关怀下，经各方努力，终于培育成功，于是他们把结出的苹果送给中央，专门向时任总书记胡耀邦汇报并表达心意。胡耀邦同志收到苹果后，就委托办公厅分发给各位工作人员。作为一个年轻人，我心里非常激动。

那个年代，秘书局的同志多数是从革命战争时期过来的。他们年龄有些偏大，文化程度也不太高，提高秘书局整体文化素质和年轻化程度成为大势所趋。于是，秘书局从高校党委宣传部门借调了一批同志，我记得比较清楚的有北京邮电学院的傅西路、北京钢铁学院的李登柱等。种种迹象表明，秘书局人员要进行充实调整。

在此期间，秘书局领导希望我以后能留下来工作。对此我向祖振铨社长做了汇报。祖振铨社长很为难地说："留下来固然好，但社里也急需用人啊！"我明白祖振铨社长的用意。正巧在1985年年初，社里任命了一批干部，我被正式任命为社办公室主任。于是，我就和秘书局的领导同志说，很感谢秘书局给我这样一个宝贵机会，但是社里培养我多年，并充分信任我，予以重任，我不方便留下来。李欣后来也表示理解。我回到社里以后，一直都与秘书局保持着很好的联系。后来李欣在高教社出版了《李欣文集》，在《文集》当中，老局长有文章专门记述当年高教社派出一名武汉大学毕业的大学生协助他工作以及编辑出版《秘书工作》的这段往事。

在中办秘书局这段时间的工作，较之在出版社的工作，开阔了我的眼界。我有几点体会：一是见世面。工作期间，我接触到了很多省市办公厅的人，他们无论是反映情况还是处理问题都能从大局出发。这为我日后从事出版社管理工作、驾驭全社复杂局面提供了很好的借鉴。二是受教育。秘书局同志们认真细致的工作态度、吃苦耐劳的工作作风给我留下很深的印象。他们的工作内容没有小事，都是大事，要求不能出错。一天24小时还要在北京市里来回奔波为中央领导传递文件,非常辛苦。虽然工资水平不高,但是他们都任劳任怨,这让我非常感动,也为我增强责任心,无私做好工作树立了榜样。三是很自豪。在中央领导身边工作,直接得到中央领导同志的教诲,不知不觉会让人受到一种浸染,也感到非常荣光和自豪,有一种说不出的荣誉感。

打赢"教材准时进栈"攻坚战

随着国家高等教育规模的不断扩大和高校教学改革的迅速发展,"七五"时期教材建设规划出版品种数量较"六五"时期教材规划明显增加。可是,"七五"也是全国出版行业快速发展的时期,随之而来的是印刷生产能力空前紧张,出现学生开学前拿不到书的现象。高速增长的出版任务与落后、低下的印刷生产能力之间的矛盾日益尖锐,成为制约"七五"时期教材出版健康发展的主要矛盾。教育部多次下发文件,要求各教材出版单位高度重视,克服困难,全力保证教材"按时、足量"供应,做到"课前到书,人手一册"。因此,教材出版"七五"发展中面临的主要困难,不是选题组稿,也不是市场营销,而是出版印制。

那时,高教社教材出版印制工作面临着空前压力,一是品种多,任务重,全年印制的品种达 2200 种,其中秋季教材达 1400 种,春季教材达 600 种,其他图书达 200 种。出版印制的总品种数占新华书店征订品种总数的 1/4~1/3。二是用纸量大,每年用纸量达 35 万令 ~ 40 万令,而纸张供应则极度紧张。三是编辑发稿量大,年发稿量在 1.4 亿字,其中科技书稿比例大,文科古汉语品种渐增,使排版难度增大。而全国能承担这类排字任务的厂家屈指可数,且北京地区有的工厂因环保问题将排字任务从 6000 万字减少到3000 万字。四是短版品种多、急件多,导致印制生产力更加紧张。五是出版量上升,加大了流动的资金占比,因家底薄而求助银行导致贷款紧张。等等。

这些具体情况给教材出版印制工作带来的诸多困难让我们始料不及，形势十分严峻。在这种情况下，高教社依然每天平均出版六七种教材，其中有两种是新版教材。要完成这样的任务，没有一种迎难而上、苦干实干、不达目标誓不罢休的精神是不可能的。苦干实干的精神是高教社的优良传统，体现了高教社在教材出版印制工作中贯彻党中央"课前到书，人手一册"指示的主旋律。

在这样的背景下，1985 年 6 月，祖振铨社长找到我并谈了他的想法。他本想把我留在社办，但为了全社工作大局，同时也为了锻炼我，决定把我从社办公室调到出版部。

我刚到出版部时，出版部的同志还开玩笑，说我到出版部工作是"镀金"，时间不会太长。可谁也没想到我一干就是七年，这七年我终生难忘。这是我出版生涯中最紧张、最困难的阶段，也是我与出版印制工作接触最多、体会最深的时期，为我从出版部进入社领导班子，日后做好全社编辑出版管理工作打下了扎实的基础。

转岗出版印制

社里决定调我到出版部工作时，时任出版部主任周连芳即将退休，我暂时以社办经营管理负责人的身份介入出版部的工作。社里这样安排，有两方面的考虑：一是因为老同志退休有个过程，工作交接要做得稳妥，不能影响正常的业务工作；二是可以给我一个充分向老同志学习出版业务的机会。当时面对的情况是，高教社作为国家级高等教育教材出版大社，面向全国高校，出版数量众多的教材，压力巨大。我虽然初来乍到，但责无旁贷，容不得有半点松懈，必须立刻全身心地投入工作，边学边干，边干边学。

做教材出版印制工作,首先要树立责任意识,这是由教材出版本身的特点决定的。教材不同于一般图书,它是学校教学的基本工具,它对稳定教学秩序,保证和提高教学质量起着重要作用。教材出版印制工作除遵循一般图书的出版规律外,还具有时间紧、任务重、必须确保"课前到书,人手一册"的特点。

党中央和国务院历来十分重视和关怀教材出版工作。"文化大革命"之后,为了解决教材的供应问题,教育部和国家出版局先后召开了两次出版发行工作会议。国务院于1978年4月以国发〔78〕53号文件批转了第一次会议的报告,强调要"大力加强和改进教材的出版发行工作,保证'按时、足量'供应学校","各类教材的用纸要给予保证"。到了1981年,由于多方面的原因,课前到书的状况仍未能得到较大的改进。鉴于此,国务院批准并指示教育部、国家出版局又下发了《关于高等学校和中等专业学校教材问题的紧急通知》,强调指出:中央和地方各有关部门和单位,都要把教材工作作为一项极其重要的任务,认真做好。必须切实保证教材"按时、足量"供应学校,做到"课前到书,人手一册",并充分供应各种教育和尽量满足社会读者的需要。在赶印教材期间,其他印件要为教材让路。对新华书店的发货部门和各级新华书店,要求努力做好教材的备货工作,及时收货、及时发货,不得延误。某些已经脱销而又影响较大的教材,要及时与出版社协商,用快件甚至航空发运,加以补救。对铁路、邮电、交通运输等部门,要求优先装运各类教材。对贴有"教材"标签的运件要优先受理,随到随运,不得积压。

1982年2月10日,中央书记处讨论出版工作时,中央领导同志又指出:教科书的出版工作任何时候都要放在第一位。

在这样的背景下到出版部工作,肩负的压力和责任可想而知。但我信心百倍,暗下决心,一定完成社长交办的任务,尽快适应工作,虚心向出版部的各位同志学习,特别是向周连芳学习。1954年商务印书馆编审和出版部门公私合营,改组为高等教育出版社,周连芳是亲历者,是名副其实的老出版人、老前辈,是出版工作的行家里手。印象特别深刻的是,他熟知各项印刷、装订工艺和流程,对外打起交道来显得"霸气十足",工厂任何小算计都瞒不过他。譬如,出版社要求工厂一周内完成某本教材,而厂方说不行时,周连芳会理直气壮地要求工厂必须完成,而实际上工厂也确实能完成。为什么呢? 我反复揣摩后发现,除了教材得益于"中央重视,有很强的政治背景"之外,更为重要的是周连芳对工厂的情况心中有数,工厂有多少台机器,每台机器每个班次可以印多少,一天安排几个班,等等,在规定的时间内完成多少量是可以算出来的。因此,厂方也只能认账,及时调整进度,优先安排高教社的印刷任务。所以,当时工厂说高教社的活儿"又臭又硬","硬"是说中央抓教材,高教社有"尚方宝剑",必须完成好;"臭"是说高教社教材专业性强,印量不大,相对于大印量的中小学教材属于短版,工厂负责人从内心不想接活,再遇上"霸气"的周连芳就更是避之不及了。周连芳对全社发印图书的品种、要求、进度等了然于胸,指挥若定,把全社出版印制工作安排得井井有条,特别让人敬佩。

与周连芳(左三)一起接待印厂的领导

　　说实在话，老周同志极具个性，在社里他能看上的人不多，能与他配合工作的人也不多，而我跟着他学习，就得需要"技巧"了：一是虚心，二是尊重，三是少说多干。因此，安排、布置出版部各项工作，到印刷厂、装订厂洽谈业务、督促生产、检查质量时我都主动紧跟在老周同志身后，虚心学习。慢慢地，通过主动学习，我逐渐熟悉相关的出版知识和全社出版印制工作的要求，也知道了与社内外打交道的方式方法，树立了教材出版的责任意识，这为以后独立承担出版管理工作打下了良好的基础。

　　经过一年多的锻炼，1987年4月14日，我被正式任命为出版部主任，同时免去了社长办公室主任职务，不再以社办经营管理负责人的身份，而开始以出版部主任的身份负责出版部工作。当时出版部在北京有出版科、设计科、材料科，在上海有出版分部。出版部内部分工是：我分管出版科，副主任高志英分管设计科、材料科，副主任陈文灿分管上海出版分部。

　　为了更加深入一线工作，1987年，我还兼任了出版科科长。出版科是出版部的一个大科，也是主要业务科，包括排版印制、纸型软片存放、纸张采购等业务。我刚参与出版科的工作时，吴勤、崔兴国、杨志勇三位副科长协助我做了大量的工作，他们每人分管一摊工作（排版、印制、材料），工作主动积极，极大地增强了我做好出版工作的信心。

　　在此我特别想说的是，出版部不仅在出版业务方面，在职业道德方面也有值得我学习的地方。譬如，由于出版部的工作经常要与社外纸厂、印刷厂、装订厂打交道，难免会遇上吃饭送礼示谢的事情，但是出版部的同志们在对外往来中，都能恰当处理这类事情，体现了"高教人"高尚的职业道德。记得1985年年底，北京印刷二厂开展年终总结工作，提出宴请出版部同志吃饭。当时我刚到出版部，没有经验，就与大家商量，并请示当时的主管社领导王耀先，可令我没想到的是，大家一致表示谢绝。对方得到消息后，非常感动，表示理解。后来听说由于预定的一桌宴席不方便退掉，最后工厂请本厂退休的老同志"代劳"。还有一次,一位叫小白的人员,是丁桥装订厂的,由于我们的业务人员帮他解决了一些工作上的困难,他为了表达谢意,主动向此业务人员送上1000元现金。而这位业务人员婉言谢绝了,并通过时任党支部书记高志英转交给对方。对方深受感动。这些鲜活的事例举不胜举,在业内传为佳话。高教社出版队伍素质高,工作作风好,大家有目共睹。

狠抓生产计划管理

1985年6月,我刚到出版部工作时,正是1985年秋季教材交书入库的时候。当时周连芳正在日本访问,陈文灿在上海。我与崔兴国、杨志勇、吴勤等几位同志一道检查1985年秋季教材的印制进度,可我们谁也拿不出一份相对完整的计划。今天商讨的结果是490种,明天却是500余种,但到底有多少种,谁也说不清,因为大家都没掌握全面情况。我就想,像高教社这样一个大社,每年出书上千种,如果没有一套完整的生产作业计划,只是盲目工作,别说教材不能如期进栈,恐怕在上千品种中漏掉几个甚至几十个品种都是有可能的。做出版工作,一定要心中有数,要有一个清晰透明的生产计划,让大家一看便知。只有树立较强的计划观念,制订符合实际的生产作业计划,并严格地执行,才能确保教材按时出版。

因此,从制订1986年春季教材出版计划开始,我就尝试加强教材出版印制工作的计划性,要求出版部每年根据社下达的出版任务,按春季供应、秋季供应制订新书的排校计划,重印书的修挖、供型(当时主要是铅排纸型)计划,发印计划,纸张材料供应计划等。这些计划是出版部各科的作业纲领,又是考核奖惩的依据。计划一旦确定,各个环节必须根据整个生产作业计划运转。出版部(出版科)生产计划主要有两个:

一是排版计划。当年秋季供应的新版教材在上一年9月份截止收稿后,基本上10月份就要做出新书发排计划与工厂通气;春季供应的新版教材在当年3月份截止收稿后,4月份就要给工厂通报新书发排计划。

二是印制计划。对于当年的秋季教材,1月20日新华书店总店通知印数前,出版部出版科围绕印制工作已经做好了准备。首先是大部分纸型基本修挖好,其次是把每个品种的书名、作者、印张、定价全部输入计算机,印数一确定,随即在两天内(过去没有计算机时,要7~10天)做出初步印制计划。做印制计划时一方面及时与工厂沟通,征求厂方意见;另一方面按照计划准时先向工厂发印一部分纸型,用足工厂的印刷设备,提前进入印制环节。对于春季供应的教材,遵循同样的规律,做出类似的计划,只是具体时间有所不同而已。材料科同时按生产计划备纸。

当然,出版计划的制订和实施,并不是仅凭一纸公文就能实现的,需要在社内外做大量的组织协调工作。在社内,对初版书,要调动各部门的积极性,以计划和行政手段相结合的办法,协调设计、校对、编辑,按时返样,与工厂紧密配合,保证绝大部分品种在5月15日前成型;对重版书,要抓好重印送审和修挖等工作,保证绝大部分在3月底完成修型。

在社外,要及时与中国印刷总公司取得联系。中国印刷总公司受原新闻出版署委托,每年春、秋季都组织出版单位、发行单位共同督促检查印刷厂的生产进度,并检查纸张的供应情况,发现问题及时解决,确保教材按时进栈。记得时任中国印刷总公司副经理童庆福、生产处处长张维仁等都非常支持高教社的工作,给我留下了很深的印象。中国印刷总公司还负责一年一度的全国印刷生产调度会,专门安排京版教材在外地各省的代印任务。那时,高教社教材供应品种多,印制任务重,造货厂家也多。厂家最多时高达一百多家,分布在全国十几个省市,都是通过中国印刷总公司安排的。

到了五六月份,出版部重点配合新华书店北京发行所抓出书预告,保

1986 年年底与吴勤（右）一起参加印刷工作座谈会

证印装单位在 6 月底以前全部做好出书预告。进入 7 月份，主要任务就是配合新华书店储运部，督促装订环节顺利完成，按时交书，以保证 7 月 15 日前全部进栈。

为了保证按时完成计划，我每周召开两次生产调度会，一次是针对初版书，检查落实设计、排版、校对环节的工作，确保秋季和春季供应的新版教材分别在 5 月 15 日前和 10 月 15 日前按时成型；另一次是针对重印书，检查供型、发印、材料供应等环节，确保秋季和春季供应的教材（北京地区）分别在 7 月 15 日前和 12 月 15 日前全部进栈。

由于加强了生产计划管理，出版部的工作较以前有了条理，各方面的工作都围绕着出书计划转。过去时松时紧，有时甚至"瞎忙"的情况得到明显改善，外出工作量及用车量明显减少。据统计，1985 年出版用车量占全社用车量的 70%，而 1987 年仅占全社用车量的 25%，减少了 45%。更重要的是，由于加强了生产计划管理，也给印刷厂安排生产带来了很大的便利。几个大型印刷厂都比较满意，承接高教社印制任务的热情更高，与高教社的配合也更好了。

　　作为出版部主任,我自己动手起草、制定了各科室的具体规章制度,加强计划管理。当时最要紧的是抓计划、抓进度,竭尽全力提高教材的进栈率。我给自己定的目标是:把进栈率从90%左右提高到100%,让每年春秋两季供应的教材都能足量按时出书进栈。

　　为了便于监控教材的印制进度,我自己动手,设计了一个简明的生产进度表。先找木工定做了一个长3米、宽1.5米的大木板,又用一个星期的业余时间,在上面做了插卡片的小纸袋,木板最上面用黑体字写着"图书设计、排校、印制进度"。那时候,出版部没有专设的综合办公室,也没有专人做秘书工作,编辑部通过编务人员发到出版部的所有书稿,都由我亲自签收。这样做有两个好处:一是要我签字,表明出版部收到了书稿,我了解了进度;二是我可以浏览书稿内容,了解其是科技带图书稿,还是纯文字书稿,便于安排工厂排版,这是最重要的。对于当年要出版的新书,每一种书稿一发到我这里,我都会做一张卡片,从收稿、设计、排版,到一、二、三校样,以及印制的各个环节,直到最后出书入库,每张卡片都在我的进度表上随时滚动。一张卡片下架了,也就意味着这本书进栈了。

祖振铨社长(右五)向英国友人希尔女士(右三)介绍排版印制进度

有了这个自制的生产进度表,我对每一种教材的印制流程都能做到一目了然,心中有数。那时我住在社里,白天由于太忙顾不上更新进度,晚饭以后我就待在办公室里,根据实际进度把卡片整理一遍,全盘掌握教材的生产进度。当时我们还没有计算机,这已经算是一种比较灵活先进的计划管理方式了。1986年世界银行考察团来高教社参观时,祖振铨社长还特意向外宾介绍了我发明的这个"现代化管理设施"。最近,我在翻检旧品整理杂物时,居然看到了当年自制生产进度表用剩下的十几颗小钉子,至今用牛皮纸包着,保存完好。瞬间仿佛昨日重现,让我倍感亲切。

编制顺口溜,引导装订厂保质保量准时交书

在"七五"初期,由于印制生产能力不足,高教社的绝大部分短版教材在市内大厂印刷后,还得在京郊和河北省的几十家农村装订厂装订。虽然这几十家装订厂都是我们从近百个规模不同的农村社队厂中精挑细选出来的,属于我们的定点装订厂,但是在实际生产中也出现过质量不够好和交书不及时的问题。这是直接影响出版工作完成"最后一公里"的瓶颈,急需解决。

为了促使这些装订厂保证质量准时交书,我曾三次策划召开装订管理工作会议。第一次会议在1986年召开,重点解决按时做预告、准时交书的问题;第二次会议于1988年召开,重点解决按6:3:1的比例交书的问题;第三次会议在1990年召开,进一步强调准时交书并重点解决教材装订质量的问题,会上,对装订质量好的厂家予以奖励,对准时交书的厂家进行表彰,对装订质量差的厂家点名批评。由于按时做出书预告,6:3:1比例进栈交书日益深入人心,装订厂全力配合,千方百计地按计划准时交书。

　　为了确保教材能够保质、保量、按时出书进栈，我起草了《高等教育出版社关于装订教材和图书的有关规定》（以下简称《规定》），其中包括一系列全面、细致、具体的工作要求。《规定》下发给各农村装订厂执行时，考虑到厂里的工人基本上都是农民，文化程度不高，很难记住里面的条文，我就把其中最要紧的一些环节编成朗朗上口、通俗易懂的顺口溜，便于他们掌握。

　　比如，关于装订联系事宜，是这样说的：

　　　　拉齐页子出书做预告，

　　　　预告单上不要填错包，

　　　　十天以内勿忘取预告，

　　　　商定送书日子莫忘掉，

　　　　按时送书进栈记得牢。

　　拉齐页子后三天内做出样书，向新华书店发行所做出书预告，同时向出版社送样书；按照收书单位的要求，准确填写每包册数；做出书预告后十日内到发行所取预告（意指发行所审批同意交书），然后立即到储运公司收书组约定交书时间；交书日期确定后要周密组织生产，严格按照交书时间保质保量交书；各库交齐后务必当天到收书组盖收书章，因为出版社和有关部门对教材进栈的考核都以收书章上的日期为准。

　　再如送书顺序，是这样强调的：

　　　　送书顺序不糊涂，

　　　　一送储运南新库，

　　　　二送本社销售部，

　　　　三送北京明光寺，

　　　　最后寄销和入库。

南新库是外埠教材发送单位，教材发到全国各地需要 1~2 个月的运输时间，所以要优先送书到南新库，以确保教材课前到书；本社销售部订的教材也是要发到外埠的，也必须提前送书，放在第二位；明光寺是北京市新华书店的储运部门，负责发送本市各区县需要的教材，可以放在第三位；最后入库、寄销的教材是出版社和新华书店的储备教材，不是学校急用的，所以应安排在最后交书。

关于印装质量环节，是这样说的：

> 印装质量很重要，
>
> 稍有疏忽声誉倒。
>
> 各道工序都要抓，
>
> 最后逐本来检查。
>
> 合格产品"检"章盖，
>
> 万防次品混进来。

各装订厂在检查合格的书上要加盖"检"字章。"检"字章由出版社授予，每个装订厂都有一个确定的检字代码，各装订厂不得混用或冒用。这个办法迫使装订厂提高责任心，并为自己的产品负责。之所以想出这一招，是因为此前一些工厂装订的教材中存在很多质量问题。有一年我们交到南新库和明光寺的教材，最后退回来两汽车的残书，有的缺页，有的残页，学生没法用，让我签字确认。虽然书店没有扣减出版社的书款，但来回运输而且退回来的残书直接送去化浆，浪费了不少资源。而更糟糕的是，这些残书是哪些厂家负责印装的，我们却难以查找。我认为这是管理上的一个漏洞，于是借用其他行业的做法，在经检查合格后的图书的末页加盖"检"字章。这样,再发生残书退回的情况,一看"检"字章,通过"检"字代码就可知道是哪个厂印刷、哪个厂装订的。我们召集各厂厂长开会时,让他们亲自认领自己工厂装订的残书,各厂领导都很不好意思,纷纷表示要切实加强质量管理,确保今后不再出现质量问题。对于那些屡次出错的工厂,出版社便停止安排生产任务,他们也就从高教社的印制队伍中"出局"了。

加盖"检"字章的创新举措,有效地加强了农村装订厂的质量管理,也大大提高了他们装订高教社教材的质量意识。后来我们经多次抽查,发现各装订厂基本上都能较好地执行这一规定,并制定了一些相应的措施,使得装订质量有了明显的提高。

作为一种控制图书质量的有效手段,这种做法一直沿用至今。我在社长、总编辑培训班等多种场合介绍高教社狠抓质量管理的经验时,多次讲到这种做法,后被其他出版社广泛采用。这也算是我在主持出版部工作过程中的一个创新,是对高教社乃至行业的一个小小贡献。我编的那些顺口溜,回想起来,虽然都是大白话,但令我欣慰的是,它曾经对农村装订厂的工人顺利开展工作发挥了积极的引导作用。

苦干奋战,打赢"教材准时进栈"攻坚战

在完成"七五"教材规划期间,高教社在没有自己的印刷厂的情况下,在全国包括京沪在内的 18 个省市的 100 多家印刷厂安排生产任务。大家奋战在教材印制各个环节的场面如今依然历历在目,永远不会忘记。

为了落实新书排版任务,出版部曾兵分多路,带着稿件分赴北京地区以外的东北、华北、中南、西南、西北等地寻找排版厂;为了保证教材按时成型,排版人员不怕脏,不怕累,不怕高温,到印刷厂的打型车间帮助工人搬

铅版;为了落实新书排校计划,出版部收到稿件后督促设计人员按规定的时间设计完成;完成设计后,排版人员马上联系工厂排版;校样出来后,校对人员抓紧校对,同时催促编辑(包括作者)按日,甚至按小时计,准时退样,以便早日定稿,为后续印制环节多留一点时间。

为了落实印制计划,材料供应部门抓紧纸张采购和调拨,印制人员全力以赴,把80%~90%的重印书纸型抢先发至印刷厂,以避免与其他出版社安排的印制任务冲突。秋季供应的教材从1月20日开始,必须在3月底前完成,春季供应的教材则从7月20日开始,必须在9月底前完成。这个工作相当艰巨,秋季供应的教材,其间正值春节;春季供应的教材,其间正值酷暑。大家白天在社里上班开印单,晚上在家加班继续开印单,连续作业十几天,千方百计克服困难按生产计划发印。

为了完成短版教材的印制任务,那时在北京地区不得不把36%的品种安排在县和乡镇印刷厂印刷,把一半以上的装订任务安排在远离京城50多公里的农村装订厂装订。为了推进教材印装进度,督催印刷厂特别是农村装订厂准时做出书预告,准时交书,印制人员夏天冒着酷暑督催秋季教材进栈,冬天顶着寒风督催春季教材进栈,数不清的加班加点,无数次的日夜兼程,奔波于市内印刷厂和京郊农村装订厂之间。

一开始我们没有自己的交通工具,出远门时只能租一辆“小面的”,经常是出去一趟就跑河北省的三河县(现三河市)、香河县、廊坊市这一大圈,大概300多公里,一出去基本上是24小时连轴转。记得有一次半夜三更我和崔兴国到河北省香河县印刷厂,把厂长张瑞芳从梦里叫醒,催促他组织工人加班加点抢印教材。有时深夜赶路,实在困得不行了,就在路边停车休息一会儿,然后继续前行。还有一次到了河北省三河县,正是夜深人静时,我们怕遭打劫,就把车开到县城的一个十字路口,停在路灯下面打盹儿。天气酷热,路灯下面蚊子很多,开着车门吧,被蚊子咬得受不了,关上车门开着空调吧，又怕睡着了会窒息，最后只能两害相权取其轻——开着车门，任凭蚊子叮咬。实际上我们都太累了，虽然被那么多蚊子围攻，还是脑袋一歪就睡着了。不久被蚊子咬醒了，便又抖擞精神，继续赶路。

遇到刮风下雨的时候，进入农村厂子的泥土路往往是稀烂难行，汽车行驶在上面非常困难。记得有一次和吴勤下厂检查进度，汽车开到村口，进不去了，印刷厂的负责人从村里找来手扶拖拉机，才把我们接到厂里去。还有一次，也是车过不去了，村里又没有拖拉机，我们只好脱了鞋袜，脚踩烂泥进村，每人手里还拿着一根大棍子，一来当拐杖，二来防狗咬。晚上有时候雷雨交加，闪电刺眼，大家仍然冒着雷击和狗咬的危险，辛苦工作。此刻往往虽有倦意，但看到农村广阔的田野被闪电照得通亮时，大家又风趣地讲："要不是催交教材进栈，我们还领略不到大自然的美呢！"未身临其境的人，是难以体会整天整夜连续工作，直至凌晨气温骤降，冷得瑟瑟发抖、饿得饥肠辘辘那种"饥寒交迫"的滋味的。一连几天下去，人变瘦了，眼睛熬红了，但大家毫无怨言，特别是在新华书店储运部看到进栈的品种一天一天增加时，心里真比吃了蜜还要甜。

还有一次，是在初夏雨季，我们下厂催活儿，那是赶印北京大学赵凯华编写的《电磁学》精装本。由于空气潮湿，硬壳封面一时干不了。我们想了很多"土办法"，包括用电炉子、煤炉子烘烤，终于"逼着"工厂第二天就把活儿交出来了。如果我们不催，还不知这批教材要拖上多久，耽误多少学校的正常教学呢。

始料未及的是，在我们想尽办法、用尽全力克服了排印生产能力极度紧张的困难之后，在1987年，我们又遇到纸价和印装费上涨、纸源空前紧张的冲击。在纸张供应最紧张的时候，我要求负责纸张采购的马德祥白天上班先到纸张供应部门"报到"。他在那里一待就是半天，上找下求，不买到纸不走。有些同志还要到造纸厂催纸，自己到车站码头组织装运，一吨一吨,一令一令,像燕子衔泥一样完成全年近40万令(一万吨)纸张的采购任务,保证教材用纸。

那时,社领导非常重视和支持出版部的工作,常在关键时刻亲临指导,鼓劲加油。时任社长祖振铨十分理解出版部工作的艰辛,在精神上、物质上给予了很多关心和鼓励。记得社里刚有了"286"计算机,首先就给出版部配了两台,于是出版部最先实现了计算机管理。而我自己在木板上亲手制作的"生产进度表"则结束了它的生命历程,完成了它的使命。当时社里为数不多的两台BP机,也是出版部最早使用,以便外出联络。1986年,国家教委给社里配了三辆皇冠小轿车。祖振铨社长说:"宁可我不坐,也一定要先让给出版部的同志下厂催书。"此后下厂催活,我和同志们也就坐上皇冠小轿车了,冬有暖气,夏有凉风,工作条件得到了极大改善。

令人记忆犹新的是,有一次跟当时主管出版工作的于国华副社长去湖北襄樊603厂求助安排印刷任务。我们随身携带了很多铅印纸型,下火车出站时,每人左手提一个,右手拎一个,后面背一个,胸前还挂着一个,就像"文化大革命"期间斗"走资派"时"坐飞机"似的。时任603厂厂长於仁豪看

与于国华(中)和马德祥(右)去湖北襄樊603厂求助安排印刷任务

到后很是感动。于国华社长以身作则、"与民同苦"的作风一直激励我做好出版工作。

　　在社领导的大力支持下,经过出版部全体工作人员的艰苦努力,高教社在"七五"期间克服了印刷生产能力紧张、纸张供应紧张、贷款紧张等重重困难,打赢了"教材准时进栈"的攻坚战。秋季教材的准时出版率(进栈率)为99.9%～100%,春季教材的准时出版率(进栈率)为100%。从1988年起,在京印制的教材年年实现了按新闻出版署规定的6:3:1的比例进栈,确保了春秋两季教材按时、足量供应。因此,高教社连续五年受到原国家新闻出版署、中国印刷公司和新华书店总店的通报表扬。

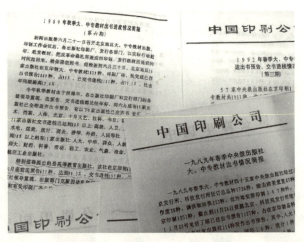

中国印刷公司通报表扬高教社准时完成任务

在调整中前行

经过一个"三年教材规划"（1978—1980）和两个"五年教材规划"（1981—1985,1986—1990）的实施，到了"八五"时期，国家教育事业有了很大发展，教材建设工作成绩显著。原国家教委在制定理工科"八五"教材建设规划时，明确提出：理科教材要重点提高基础课程教材质量，积极组织应用型教材，合理确定教材的品种和数量；工科教材要合理确定品种，抓好重点教材，完善系列配套，全面提高质量。那时，高教社的教材出版已具相当规模，经营工作的压力也不断增大，急需调整结构。

在编辑出版业务上随之而来的新问题是选题的大量积压。当时编辑们的积极性很高，每人手里至少有五六个选题等着做，但编印发的生产能力又不允许盲目地扩大选题规模。因此，高教社在制定"八五"教材规划时，提出"调整结构，优化选题，减少品种，提高质量"的要求，并积极开展选题清理工作。记得当时时任总编辑杨陵康下到每一个编辑室开座谈会，要求大家压缩、调整选题。因为高教社一般是在确定选题的同时就确定好了作者，选题一旦撤销，必须给作者一个交代。于是社里采取了退稿补偿或者延缓出版的办法，把过多的选题数量压缩到合理的范围内。在国家从计划经济向社会主义市场经济转换的历史进程中，在经营工作中如何改革，如何提高经济效益，也成为高教社日常工作的一项重要内容。

从总体上看，"八五"期间高教社教材出版和经营管理工作的基本方针可以概括为两个字——调整。在这样的大环境下,我在这个时期的工作也从单一的业务管理转向综合管理,所负责的事务也更加繁杂,工作更加繁忙,需要创新工作,与多方协调,也更具挑战性。经过多方面的调整,我适应了新的角色,很快就把工作做得井然有序,自己也得到了更加全面的历练,增加了新的才干。

在千头万绪的工作中学会"弹钢琴"

1991年11月,高教社领导班子换届,不惑之年的我进入新一届领导班子,担任副社长,成为最年轻的班子成员。其他班子成员有社长于国华,总编辑兼副社长杨陵康,党委书记兼副总编辑彭治平,副社长兼副总编辑张元直,副社长蒋丽音,副总编辑张爱和、李永和、于渊、张志军,社长助理杨松涛。作为副社长,我分管的工作十分繁杂,总共包括五个方面:一是负责高教社天津印刷厂。1991年上任之后第一项工作是兼任高教社天津印刷厂厂长(法人代表)和天津出版分部主任。设立天津出版分部并定为副局级,主要是为了建厂期间方便与天津市政府有关部门对口协调工作。二是主管全社经营工作。三是经于国华社长授权,负责全社出版合同的签批。四是分管基建处、行政处、经营室三个部门。五是负责高教社的多种经营开发工作。可以说,除了全社编辑业务之外,其他综合性、经营性的工作,还包括献血、计划生育、综合治理等社会工作都由我分管。

面对这些千头万绪、之间少有内在联系的各项工作,我首先进行自我调整。我认为,这些零散的工作都与高教社的编印发主业不可分割,它们支撑着主业的发展,缺一不可,非常重要。自己要做好这些工作,不但要细致认真,而且要善于把握内在规律,分清轻重缓急,学会"弹钢琴"。要善于归类管理,抓住主要矛盾和矛盾的主要方面,努力做到忙中有序、乱中有章、有条不紊。于国华社长给了我极大的鼓励,他在我上报的《对分管工作的思考》上批示"一要大胆,二要认真,三要动脑,四要真心实意靠下边"。鼓励我"大胆大胆再大胆,果断果断再果断",要求我依靠群众"干好几项全社关注的重点工作"。

深化改革,首订全社年度经营计划

20 世纪 90 年代,我国的改革开放进入一个新的历史时期。为做好高教社的改革工作,社里成立了改革小组,由于国华社长亲自组织、领导。改革小组研究、制定了《关于深化改革办好出版社的意见》等七个文件,印发了"黄皮书"。这些文件是在邓小平同志南方谈话和中央有关文件精神的指引下制定的,为高教社此后的改革与发展确定了原则、目标和策略。文件提出了转变经营理念和经营机制、改进经营方式和管理方法、实现综合配套改革的具体要求,以及加强队伍建设的具体方案,确定了编辑室从选题到发行等各项工作的改革措施和管理办法。从此以后,高教社的内部管理机制由以前的"定额管理",走向更加符合市场经济规律的"综合目标管理"阶段,实行绩效考核与个人收入直接挂钩的管理制度,有效地调动了大家的工作积极性。这种做法一直沿用下来,至今仍在不断完善之中。

根据全社的改革要求,我在抓全社经营管理工作方面,重点做了全社年度经营计划的制订工作。制订年度经营计划是高教社从计划经济向市场经济转变的一项标志性工作。但对 20 世纪 90 年代的高教社来说,制订年度经营计划却是一个从无到有的创新性工作。以往高教社教材出版都是在执行国家下达的出版计划,对自身的经营业务并没有明确的目标和要求。

随着出版社企业化管理的深入，目标管理、综合管理以及部门、个人绩效考核的开展，要求全社的经营活动需要制订年度计划。1993 年从天津印刷厂回到北京后，1994 年我通过调研做了大量的准备工作，到 1995 年我按照全社总体经营思路，在全社编辑、出版、发行、财务、行政等部门的大力配合下，讨论、制订了全社年度经营计划。

　　1995 年度全社经营计划是高教社第一次比较全面的经营计划。尽管还不十分细致，但它体现了高教社在经营管理活动中"以计划为先导、以统计为依据"和"精选品种、优化结构、控制成本、增加效益"的指导思想。从后来执行的情况看效果也不错。经营计划的编制使得高教社每年的经营工作都有明确的目标，也为以后的全社年度预算管理打下一个很好的基础。

"阶段性转移"，狠抓质量管理

　　1994 年 5 月，原新闻出版署发出《关于对书号使用总量进行宏观控制的通知》，指示出版工作要 "从规模数量增长向提高质量效益进行阶段转移"，而"对书号使用总量进行合理控制是搞好出版宏观调控的重要措施之一"。高教社贯彻新闻出版署关于出版社向提高质量效益阶段转移的精神，把 1994 年作为"质量效益年"，并提出了"抓管理，提高质量；抓经营，增加效益"的口号。

　　从 1994 年年底到 1995 年 4 月，我分管经营室，对 1994 年出版的 310 种新版图书进行了全面的编校质量检查——在责任编辑自查的基础上，组织有关专家按比例对 61 种图书进行了复查。这次质量检查引起了全社上下的高度重视，社领导曾先后 4 次召开社务会议，听取情况汇报，分析解决问题，研究提高质量的对策。1995 年下半年，社里还组织了本年度图书的编校、印装、装帧设计质量检查评比活动。对于发现有质量问题的图书,一是坚决不允许流向社会,二是对该图书有关责任人进行经济处罚。此外,还配合原国家教委、原新闻出版署等上级部门,对高教社的图书进行了三次编校质量检查和两次印装质量检查。

通过开展一系列的质量检查活动,高教社进一步完善了原有的质量管理体系。先是成立了以社长、总编辑为首的质量管理委员会,设立了专门的质量管理办公室,并在出版部设质检科,层层落实质量管理职责。同时,建立了图书编校质量审读、图书印装质量检查和图书装帧设计质量检查评比三支队伍,并保持相对稳定。另外,还健全了图书质量管理的各项规章制度,修订或制定了相关的配套措施、质量要求和检查标准。为了强化质量工作的力度,曾尝试把质量工作与年终考核分配挂钩,与晋级晋升考核挂钩,促使全社干部职工充分重视质量工作。

1995 年 10 月,原新闻出版署发布了《关于表彰商务印书馆等 127 家良好出版社的决定》,高教社名列其中。这是因为,除了办社宗旨明确、办社条件完备、遵守出书范围、出书结构合理、书号使用量控制良好、没有买卖书号行为外,高教社遵守出版管理规定,未曾出版内容有问题和质量不合格的图书,也是一个很重要的因素。再加上经营管理好,内部机构健全,编辑队伍健康,培训工作经常化,所以"良好出版社"的称号也是名副其实。

"质量效益年"的各项活动强化了全社上下的质量意识,将高教社对图书质量的重视程度提到了一个新的高度。作为高教社质量管理的领导者和组织者之一,我写了一篇题为"加强教材质量监控,实现全面质量管理"的文章,发表在《大学出版》1995 年第 2 期上。文中比较全面地总结了高教社历来重视出书质量,特别是提高教材质量方面的经验。后来的几年中,我在图书质量管理方面进一步总结工作经验,深化理论思考,又写了《略谈图书质量的全面管理》和《再谈图书质量的全面管理》两篇文章,分别发表于《科技与出版》1997年第5期和1998年第3期。这两篇文章比较系统地讲述了我对图书质量实施全面管理的思想。我的这些经验和认识,后来还在教育部和原新闻出版总署举办的出版社社长总编辑培训班上多次讲述,反响很好,也算是自己对行业做出的一点贡献。

多种经营遍地开花

20世纪90年代初,在市场经济大潮的冲击下,很多企事业单位都倡导"一业为主,多种经营"。高教社也不例外,提出了要在保证教材主业的同时发展多种经营。我作为分管经营工作的社领导,兼任社多种经营管理小组组长。小组下设管理办公室,主任是林志全,副主任是陈文灿,负责全社多种经营业务的日常管理工作。在此期间,我还牵头负责编制全社多种经营规划、制定多种经营管理条例以及制订财务计划等工作。现在回想起来,虽然当时高教社也提出了"多种经营要结合教育、结合出版和结合自身优势"的原则,但全社多种经营的势头来得很猛,可以说是遍地开花,包括以下几项:

一是1990年注册成立了新技术实验厂,厂长是陶思雨,主要生产清洗剂、红外理疗器。后来,在新技术实验厂里还挂靠了若干公司,如开展印刷残纸加工业务的中高商贸公司(1992年注册,负责人是孙克明和杨骥);准备成立服务于高校教师搬家和其他运输业务的百事服务公司(这个公司以行政处为基础筹建);还与北京机械研究院合作成立科健公司,通过技术入股并投入6万元,获得35%的股份,主要业务是推广红外理疗器。此外,当时还计划与香港一家公司合资成立北京洁新有限公司。

二是成立了新技术中心,由曹铁生负责,主要开展照排业务。新技术中心在 1994 年 2 月与德生香港有限公司共同投资兴办了北京赛迪电子图文有限公司。该公司以电子出版及多媒体技术开发为主要业务,重点开发了电子图书《中国教育信息库》。

出席照排中心召开的年度工作总结会

　　三是由社工会于 1992 年年底注册成立了大中服务部,由郑卫国负责。1993 年 1 月 16 日正式开始营业,主要业务是销售高教社部分图书和上海交大"昂立一号"口服液等,所获利润主要用于职工福利。

　　四是 1989 年 10 月沙滩地下室招待所重新开业,统一由袁绍金负责,不仅设有招待所,还投资 5 万元开办了职工食堂。

　　五是成立了电子出版物服务部,由唐兆亮负责,主要业务是自办高教社电子出版物的发行业务。

　　六是电子出版物服务部与中央电教馆联合举办计算机业务培训,具体工作由唐兆亮负责。培训教材主要是高教社出版的计算机图书,既扩大了计算机图书的市场,培训本身也有一定的收入。

　　七是明确音像部独立核算,由刘素馨负责。

八是由信息中心孙明牵头，研发了出版社财务管理软件。该软件在1992年4月通过了财政部和有关单位专家组织的评审委员会测试评审，认为该软件具有国内领先水平。原新闻出版署在全国出版单位推广使用该软件，1992年就有22家出版社使用了该财务管理软件。

九是老干部处于1993年上半年成立了有为公司（对外注册为北京科教服务公司），由王彤负责。有为公司一开始计划开展技术咨询、编辑出版、书画装裱、信息咨询等多项业务。后来实际开展的业务是编辑出版，在社内成立了综合编辑室，由退休编审邹延肃负责，也编辑出版了一些社会用书。在社内单独核算，自负盈亏。还有一项业务是社领导蒋栋成带领陈庚于1995年开展的蔬菜烘干技术。于国华社长多次提出，让我"要十分关心，认真抓一下"。记得当时还投资了25万元，挂靠在北京科教服务公司。

十是1992年12月28日挂牌成立了高教社培训中心，由杨胜伟负责，主要业务是与中国教育电视台等单位合作开展培训。

十一是拟与社会办学力量合作，举办"兴华大学"。

上面的这十多项经营业务，除了最后一项举办大学因不具备相关资质没有通过之外，其他都先后经社务会研究通过。这十家经营单位基本上分三类：技术开发、商贸、服务。社务会提出，对这些经营单位要全部"断奶"，做到独立核算、自主经营、自负盈亏和自我发展。

这些除编印发主业之外的"多种经营"业务，范围广泛、领域不同，对我来说，都很新鲜，做好管理工作具有很强的挑战性，难度很大。但从另外一个角度看，也给我一个很好的锻炼机会，为我未来的职业发展做了重要的铺垫。

肩负基建、行政后勤工作不懈怠

在我的人生中,每当回想起当初分管的基建、行政后勤工作以及为保障教材出版所做的件件事情,心中自然就有一种说不出的欣慰感。

关于基建工作,我接手分管时面临三件事情。

第一件事是正在建设中的祁家豁子宿舍楼,1993 年就要竣工交付使用,需要做好"最后一公里"交接入住工作。这是一项常规工作,但需要抓细抓实。

第二件事是马甸办公区的开发。1993 年于国华社长曾提出上、中、下三策,并要求弃下、保中、争上,要把建办公楼与多种经营结合起来。当时主要矛盾是缺少资金,找了很多公司洽谈,其中新西兰海之湾投资公司算是接触时间比较长的一家公司。为了加强双方合作,对方还给出版社中层干部进行了企业管理培训。由于与外方的合作需要报批,再加上其他一些原因,虽谈了两年但没有结果。然而这为后来的建设做了必要准备,创造了有利条件。

1997 年,社里决定在教育部的支持下,自筹资金开发建楼。此项工作原来是由多种经营办公室负责,后来交给综合发展部韩兴兴负责。1998 年 12月 12 日,坐落于德胜门外大街 4 号的高教社新办公楼和住宅楼奠基。时任教育部副部长周远清出席奠基典礼。

第三件事是承恩寺单身职工宿舍翻建工程。于国华社长批示"狠抓,务必上冻前入住,为此要倒排工期,组织精干队伍去抓"。这项工程我记忆犹新,是努力排除了各种干扰才破土动工的。施工地点处在密密麻麻的棚户区,周围住着居民,拆除以后要盖两层楼,施工的困难程度可想而知。特别是挖地基的时候,免不了会扰民。附近居民百般阻挠,提出许多过分的要求。当时我与负责处理此事的韩兴兴,还有行政处的刘明群商定:要把房子盖起来，也要照顾附近居民的合理要求。有一天晚上，我们准备施工时，有一位居民竟然躺到挖掘机下面。我们只好求助当地派出所前来调解，同时召开居民代表会，做居民的思想工作，答应按规定发放扰民费，但是对那些无理要求我们不能妥协。通过斗智斗勇，最后终于妥善解决了这个难题。在此期间，记得是 1994 年 3 月 7 日晚上，我由于长期服用镇痛片，刺激了肠胃，导致便血。第二天我浑身无力，但还是忍痛守约，赶到马甸原洗印厂办公楼四楼会议室与居民代表对话。这也感动了居民代表，缓和了对立情绪，双方达成了一致意见。我咬牙坚持开完会才去积水潭医院检查。到了医院，经过验血检查，大夫二话没说就把我留院治疗，那时病情已经很严重了。

关于行政后勤工作，事无巨细，再小的事情处理不好都会酿成大错。在此，我要感谢两位女处长——王秀玲、张伶燕，她们帮我做了很多细致烦琐的工作。记得当时各单位都面临后勤改革，我们也到科学出版社学习过，拜访过当时主管后勤工作的汪继祥副社长，回社后制定了一个方案，明确在服务好全社编辑出版工作的同时，拟成立单独核算的服务公司，减少社内投入，促进后勤创收。

另外，当时来社的很多年轻职工没地方住，恰好新技术中心在海淀东升乡租了一块地，于是社里决定投资盖简易房，作为年轻职工周转宿舍。行政处做了大量的具体指导工作，1996 年下半年，简易房竣工，解决了年轻职工住房的燃眉之急。

还有，沙滩办公区临街门市，原来地面上高教社有一个大间（西头），人教社有两个大间（东头），往上盖两层，规划设计不允许，只能向下开挖地下室。因为此事是高教社先提出的，必须与人教社沟通，需得到他们的支持，协同进行，所以大量具体工作如报规划、做设计、施工、监理等，也是高教社行政处完成的。

除此之外，还有大量的琐碎的日常社会工作。如：每年组织献血，我都到场,圆满完成献血工作;每年都要检查计划生育工作,在全社职工的支持下都达标;交通安全和防火安全工作,都时刻记心上,提醒全社职工防患于未然。

总之,"八五"期间,我已进入不惑之年,在调整中前行。我所做的这些事情,虽然繁杂,但很有意义。从中我也悟出了一些道理:一是所干的这些工作,无论是经营管理,还是后勤管理,都不是单纯的业务性的,来不得半点懈怠,必须有一定的政策水平。正像于国华社长要求的"打几个战役和漂亮仗,得到全社赞许,形成良性循环"。二是在所干的这些工作中,个人付出的力量是有限的,因此一定要相信群众,依靠群众。正像于国华社长要求的"干好的要及时肯定鼓励,干出问题的不要指责,要主动承担责任"。三是对下属干部,不仅是使用,更重要的是培养。四是面对众多繁杂的工作,务必冷静,学会"弹钢琴",使节奏协调有序。

创新编辑工作,打造精品

1996 年 3 月,高教社完成了社领导班子换届,调整了分工。我继续留任副社长,但是又多了一个头衔,兼任副总编辑,开始分管编辑部门,主抓出版社的编辑核心业务。来到新的编辑岗位,面对新的工作任务,我深感任重道远,但也充满信心。坦率地说,我虽然拥有编辑职称,但由于多年来主要精力放在出版印制和其他管理工作上,编辑业务难免生疏,对如何制定好教材出版规划、抓好教材编辑业务也曾有过畏难情绪,心里实在没底。为此,于国华社长鼓励我说:"具体工作中,每位编辑在学科专业知识上当然比你强,但是你在出版印制方面、经营管理方面有丰富的经验,正好可以弥补他们的不足,帮助他们提高市场意识和竞争能力,所以你应该取长补短、扬长避短……"按照于国华社长的要求,我开始全身心地进入"角色",尊重每一位编辑,虚心向他们学习,同时,帮他们解决有关印制、生产等方面的具体问题,逐渐拉近了与编辑、编辑部门的距离。

1996 年正是"九五"的开局之年。自然,我的首要任务就是在社长兼总编辑于国华的领导下,改革创新,开展高教社"九五"教材出版规划的编制和实施工作,特别是做好国家级重点教材出版工作,打造精品。

倾心投入编制教材出版规划

我认真学习国家在教育改革、教材建设方面的方针政策,站在更高的层面去思考问题,积极开展工作。早在 1995 年 4 月,原国家教委就出台了《关于"九五"期间普通高等教育教材建设与改革的意见》,明确提出"九五"期间要编写、出版一批适应我国社会主义现代化建设和高等教育事业发展与改革需要,反映当代国内外政治、经济、文化发展和科学技术先进水平的教材,逐步形成面向 21 世纪的、具有中国特色的高等教育教材管理体制和运行机制的基本框架。文件还要求国务院有关部委,各省、自治区、直辖市教育主管部门,高等学校和承担高教教材出版任务的出版社,在调查研究和总结经验的基础上,制定、落实"九五"教材建设规划。

编制"九五"规划,还要与 1994 年高教社 40 周年社庆时于国华社长提出的"实施四大工程"紧密结合起来。四大工程中的第一大工程就是出版面向 21 世纪教材。高教社也从而主动支持、积极参与了原国家教委实施的"高等教育面向 21 世纪教学内容与课程体系改革计划"项目。

根据原国家教委"九五"期间教材建设与改革的要求,高教社积极开展了"九五"出版规划的编制工作。我首先组织总编室、有关编辑室前后利用一个月的时间开展调研工作。一方面,在社内对各编辑室进行情况摸底,主要了解"八五"选题规划的执行情况,征求各编辑室对"九五"出版规划编制的意见;另一方面,组织几个调研组到国家教委(高教司、师范司、职教司、成人教育司、科技司等业务司局)、科技部、农业部及各专业教学指导委员会、部分高校进行调研。在调研的基础上,提出了《关于制订我社"九五"出版规划的意见》(以下简称《意见》)初稿,并于 1996 年 4 月 22 日分别征求了负责各学科的副总编辑张元直、张爱和、李永和、于渊、张志军以及总编

虚心向柯俊院士(右)请教"九五"教材出版规划

辑助理杨祥、尹洪、王军伟、王宏凯、吴向，还有社长助理苏雨恒等人的意见。4月23日，又召开全体编辑人员大会，对《意见》的主要内容进行宣讲并征求意见。

紧接着，社长兼总编辑于国华1996年5月1日在《意见》的基础上概括提出了《关于制订和实施"九五"出版规划的原则意见》(以下简称《原则意见》)。《原则意见》明确提出了制定"九五"出版规划的基本原则和若干重点问题，为规划的制定和实施工作定了调，也成为高教社今后编制出版规划遵循的宝贵经验。

于国华社长当时明确提出要用改革的方法、创新的方法制定好"九五"出版规划。这个出版规划是高教社"九五"事业发展规划的核心。我记得当时提出制定"九五"出版规划的六条原则是："一大"(出书品种和印制册数大)，"二高"(选题起点高，出书水平高)，"三全"(教学用书全，教学文件图书全，教育信息图书全)，"四突出"(突出策划，突出整体，突出重点，突出特色)，"五个一批"(重印一批，修订一批，新编一批，引进一批，研制一批)和"六要"(要优化结构，要精选品种，要成系配套，要大家名家，要高重印率，要高精品率)。

　　与以往制定教材规划的不同点在于,本次出版规划在制定方法上有创新,改变了过去五年教材规划制定后基本不变的做法。从"九五"出版规划开始,结合"面向 21 世纪教学内容和课程体系改革"研究成果的不断涌现,采用滚动方式不断充实规划。而且,将以往的选题规划变成出版经营规划。从而形成"九五"教材建设的新特色——将教材建设建立在教学改革立项研究并注重经营管理的基础之上。

向铁木尔·达瓦买提副委员长(中)汇报高教社"九五"出版规划

　　紧接着,1996 年 5 月,在《意见》和《原则意见》的指导下,高教社从上到下行动起来,用了一个月的时间全力编制"九五"出版规划。具体工作主要由各学科编辑室提出各自的"九五"教材规划框架方案。在广泛征求各学科教学指导委员会的意见后,形成各学科"九五"教材选题规划草案。这些学科选题规划草案汇总成为高教社"九五"出版规划的重要组成部分。6 月 3 日,总编辑办公会议审议通过了相关学科的选题规划,共 2400 多项。

切实做好国家级重点教材出版工作

1996 年 3 月,原国家教委办公厅发布了《普通高等教育"九五"国家级重点教材立项、管理办法》(下称《立项、管理办法》),启动国家级重点教材申报、立项、编写、审定和出版工作。同年 12 月,国家教委高教司在南开大学召开了普通高等教育"九五"国家级重点教材立项审定会议。为了更好地配合、支持高教司工作,我和总编室尹洪、肖娜参加了会议,主要是沟通申报信息。高教社列入国家级重点教材的项目有 330 多项,占总数(654 项)的一半多。

袁行霈编《中国文学史》(四卷本)和张岂之编《中国通史》立项入选"九五"国家级重点教材时,还有一个插曲。时任高教司副司长刘凤泰很关心高教社文科教材建设,特别是《中国文学史》《中国通史》能在高教社出版,对高教社将是如虎添翼。按照《立项、管理办法》要求,参与编写、出版国家级重点教材的学校和出版社要提供审定工作所需的经费。刘司长找到我说明此事时,我直接表态给予支持。后经于国华社长同意,给予每套书适量的先期启动经费。

出席教育部召开的普通高等教育"九五"国家级重点教材立项审定会(自左至右:于渊、刘凤泰、尹洪、张增顺、郑惠坚、肖娜)

国家重点教材立项后,按照《立项、管理办法》要求,我们立即制定了《高等教育出版社关于"九五"重点选题出版规划的实施意见》,确定了具体的实施办法。我们又从这些重点选题中精选出17种,作为全社"九五"期间"重中之重"的选题,力求把这些图书打造成冲击国家级奖项的精品。为此,我们对这些图书的选题策划、组稿、编辑加工、装帧设计、排版印制、宣传促销等各个环节实施全程质量监控,同时,适当调整了生产流程,并制定了各个环节的质量检查和责任追究制度。一些具体的措施包括:各部门按照责任心强、业务水平好的要求落实有关责任人(责任编辑,责任绘图,封面及版式设计,责任校对,责任印制);书稿须经两名以上同行专家审读(其中至少应有一名同行知名专家);编辑加工、二审、三审均由本学科或相近学科的人员担任;增加校次;检查样书等。这些措施的严格执行,保证了高教社"九五"国家级重点教材的高质量、高水平。

以《中国文学史》为例,立项后从社领导到编辑室,全社上下配合,拧成一股绳,努力打造精品。

于国华社长高度重视该书的出版,在1997年全社大会上宣布该书是我社"九五"期间的"重中之重"。为了保证出版质量,社里两次决定推迟出版时间。一次是于国华社长在参加一个研讨会时碰见袁行霈教授,问起书稿编写进度,提出请袁教授要保证质量,不抢时间,宁可推迟一年出版。袁教授同意了于国华社长的意见。另一次是书稿编辑加工即将完成,于国华社长问起责任编辑马纯质量如何,马纯说,第一、第二卷没问题,第三、第四卷不如前两卷。于国华社长当即决定推迟出版,并让责任编辑和在澳大利亚讲学的袁教授联系,请作者修改。

党委书记兼副总编辑彭治平、副总编辑郑惠坚亲自出马,直接参与了从遴选作者、讨论大纲、统稿审稿、装帧设计,到出版后组织专家评价推介等一系列工作。我直接介入装帧设计和印刷装订工作。

编辑室在时任主任袁晓波的组织下，也投入了大量人力物力，力求做到万无一失。与通常的做法相比，增加了许多工作环节和工作量。该书在编写过程中一共开过四次编写或审稿、统稿会，先期提高了书稿内在质量。责任编辑马纯在加工时又多次到外地找作者面商、修改，三审人员在审稿时也倍加严谨。一审者两次通读原稿，二审者、三审者也都突破只抽查部分章节的惯例，改为全书逐字审读。

装帧设计室先后五次重新设计封面和版式，一次次推倒重来，目的是为好书制作一个相称的包装；校对部门的人员也打破常规，增加了两个校次，以至于主编袁行霈先生在看过第一卷的校样后高兴地说，只发现了一个错字，这是他已出版的所有书中差错率最低的；出版部门的同志也想尽一切办法，在用纸、印刷、装订各环节一路绿灯，为该书的获奖提供了一个良好的物质基础。

经过全社编辑部门、出版部门、营销部门、管理部门的通力合作，辛苦五年，《中国文学史》终于喜结硕果。2001年10月，该书荣获第五届国家图书奖。

1997年6月，国家教委印发了《关于"九五"普通高等教育国家级重点教材立项选题》的通知，强调"抓重点，出精品"是"九五"期间普通高等教育教材建设与改革工作的核心，是落实中央"树立精品意识，实施精品战略"的重要措施，国家级重点教材都应建设成"九五"普通高等教育的精品教材。同时指出，重点教材"一定要适应我国政治、经济、科技、教育等改革的形势，一定要反映改革的成果，也要适应专业目录调整以后、专业面拓宽以后教学改革的需要"。要求各单位下大功夫，深入细致地把重点教材建设工作做好，为我国的高校教材建设工作做出新贡献。

为了具体落实国家级重点教材出版工作，国家教委还成立了"重点教材建设管理委员会"，主任由高教司一位副司长兼任。先后负责的是朱传礼、

1999年4月,在海南师范学院召开教育部"九五"规划重点教材建设管理委员会第三次工作会议,高教司朱传礼(前排右四)、刘凤泰(前排左三)、海南师范学院刘和忠(前排左四)等出席会议

刘凤泰。我担任了副主任。当时许多出版社都在承担"九五"重点教材的编写和出版工作,高教社承担的品种最多,责任也最大。成立这个委员会的目的,就是为了协调、管理这些重点教材的建设工作。记得先后在北京、武汉和海南召开了三次工作会议,时任清华大学出版社副总编辑蔡鸿程、北京医科大学出版社社长陆银道、人民卫生出版社副总编辑杜贤等人参加,研究解决重点教材在编写和出版工作中存在的一些问题,以保证重点教材按计划高质量地完成,保证按时、足量供应学校。会议还讨论并确定了重点教材的整体装帧设计方案和统一标识。

高教社在"九五"教材建设期间,除了作为主要承担单位参与了"九五"国家级重点教材的建设、出版工作之外,还全力推动了"面向21世纪课程教材"的编辑出版发行工作。这项具有里程碑意义的重点工作在本书中有专门记述,这里不再赘述。需要提及的是,为了适应教学改革和提高教学质量,时任教育部副部长周远清提出了成立教学研究中心的想法。在征求于国华社长意见时得到于社长的大力支持,由此,高教社与高教司共建了"全国高等学校教学研究中心",编制和办公地点放在高教社。1998年12月26日,时任教育部副部长周远清参加了揭牌仪式。时任高教司司长钟秉林兼任主任,于社长和我兼任副主任。

"九五"期间,高教社配合国家教委有关司局还做了一些其他工作:

1997年11月,在马立司长的支持下,高教社开始参与国家教委师范司"高等教育面向21世纪教学内容与课程体系改革计划"项目,并投入资金支持改革计划的实施,为出版面向21世纪高师教材打下基础。

1999年9月,高教社与教育部职成司、职教中心三方成立了"职业教育教学研究协作组"。此项工作在《发力职业教育,铸就半壁江山》一文中有详细叙述。

1999年,配合教育部高等专科教育、高等职业技术教育、成人高等教育"三教统筹",高教社积极参与"高职高专面向21世纪教学内容和课程体系改革计划",投入专项资金支持。全国高职高专教学指导委员会秘书处设在高教社(当时在沙滩高教楼二层),高教社于4月在理工部专门成立高职高专教材编辑室,张思挚和付英宝为负责人。据统计,至2001年,高教社出版了"教育部高职高专规划教材"180种。在规划教材没有正式出版之前,教育部高教司推出"高职高专推荐教材",高教社承担了大部分出版任务。1999年高教社出版高职高专推荐教材116种,为建设具有中国特色的、优化配套的高职高专教材体系做出了自己的贡献。

到了"十五",教育部重点教材建设管理委员会更改为"国家级教材建设管理委员会"。高教司刘凤泰副司长兼任管委会主任,我兼任常务副主任。2002年,高职高专编辑室从理工部分离出来,成立高职高专分社,分社社长是尹洪,副社长是张思挚。2005年分社升格为高职高专出版中心,尹洪任主任,副主任是梁琦、周雨阳。

2004年6月25日至28日,在昆明理工大学召开了教育部"十五"规划

2004年6月在昆明理工大学召开教育部"十五"国家级教材建设管理委员会第三次工作会议

国家级教材建设管理委员会第三次工作会议。为了宣传推广优质教材,2005年4月至5月,高职高专出版中心还组织了"教学服务万里行"活动。社里特意购置了几辆考斯特汽车。汽车从北京出发,然后东西南北,兵分四路,深入21个省市的高职高专学校,倾心为师生服务。

此外,在财政部支持下,教育部于1998年设立了"研究生教学用书建设专项资金",由教育部研究生工作办公室推荐。高教社密切配合,编写和出版了一批高水平的研究生教学用书。

首创双导师培训,提高编辑人员素质

要抓质量、出精品,那么提高编辑人员的全面素质就显得尤为重要。一名合格的教材编辑,应该既是出版方面的行家,又是专业教育方面的行家;既掌握出版规律,又了解教育规律。所以,社里积极倡导编辑要多与高校教师交朋友,经常深入高校调查研究,了解学校的教学工作,熟悉有关专家教授的学术水平。为了帮助青年编辑尽快掌握编辑、出版工作的知识、技能,高教社从1997年起在青年编辑中开始试行导师制,后来又发展为双导师制。郑惠坚副总编辑分管这项工作。

所谓"双导师制"的编辑培训模式,就是出版社为每位新编辑在出版社内部和社外高校中各聘请一位指导老师。社内导师由具有副编审以上职称及其他相应资格的资深老编辑担任,主要负责对新编辑进行"一带一"的编辑业务培训;社外导师由高校中具有副教授职称以上的教师担任,主要负责指导新编辑参与各种教学实践和研究活动,帮助新编辑学习掌握相关学科、专业的新理论、新技术、新知识。另外还制定了具体的规定,对编辑和导师进行规范管理,并把编辑培训的考核结果作为其教育深造、竞聘上岗和职务晋升等的重要参考。

新编辑双导师培训,是高教社编辑培训工作的重要环节,也是高教社"九五"期间在编辑继续教育和职业培训方面的首创之举。到了"十五"时期有了进一步发展。从2004年6月开始,这项工作由教学研究所负责,后移交给畅想书院,两年举办一期,连续举办了三期。每期结束后都把学员联系工作实际撰写的学习心得和思考的文章编印成册。

社内外双导师制取得了良好的效果。高教社的青年编辑在政治素养、职业道德修养、人际交往中的沟通能力、市场意识和各种编辑业务能力以及对学校教学情况的了解等方面都有明显的提高,为精品教材建设提供了可靠的人才保障。

通过参与高教社"九五"出版规划的编制和实施,我对教材建设、教材出版有了较为深入的认识和把握,也在编辑部门中营造了一个和谐的工作环境,工作起来更加得心应手。

这期间,1998年3月7日到4月5日,应美国新闻总署文化处邀请,在于社长的支持下,经请示时任教育部副部长周远清同意,我访问了美国。此次访美,由美方提供经费,并安排专人陪同翻译。在美期间,我访问了美国联邦政府,了解美国的教育现状,参观了哈佛大学、麻省理工学院等,了解了美国高等教育有关学科的发展,特别是面向 21 世纪的设想;访问了约翰·威利父子出版公司、西蒙·舒斯特出版公司、麦格劳·希尔公司、汤姆森国际出版公司等知名出版机构,与他们交流出版数字化信息和未来发展;访问了美国出版协会、美国书商协会,开阔了眼界,丰富了知识。

1998 年 3 月访问美国麦格劳·希尔公司

记得访问哈佛大学时,还有一个细节让人印象深刻:1998 年 3 月 15 日上午,在学校贵宾接待室签到留言时,我不经意地把留言簿往前翻了两页,惊喜地看到"中华人民共和国主席江泽民"的签名,这是 1997 年 11 月 2 日江主席访问哈佛大学时留下的签名。而时隔不久,我作为中华人民共和国的一名公民、高教社的一位领导来到哈佛大学并签名。我兴奋、自豪,顺手签下"中华人民共和国高等教育出版社张增顺",永存哈佛。

1999 年 3 月,高教社领导班子人员调整,于国华同志继续担任社长,我接任总编辑,和蒋鉴、郑惠坚两位副总编辑一道,继续深化改革,创新机制,实施"九五"出版规划,打造精品力作。

寻求不同规划的结合点

党的十五大提出跨世纪发展的宏伟目标与任务。1998 年 12 月 14 日,教育部为落实科教兴国战略,全面推进教育改革与发展,提高全民族的素质和创新能力, 制定了《面向 21 世纪教育振兴行动计划》(以下简称《计划》)。该计划由国务院 1999 年 1 月 13 日以国发〔1999〕4 号文批转。《计划》用 12 个条款 50 个条目提出了实施措施,绘就一幅跨世纪教育发展和改革的施工蓝图。在高等教育领域,明确提出要加快改革步伐,提高教育质量和办学效益,并且明确提出了要扩大招生,使高等教育入学率达到 11% 左右的目标。

在这样一个大背景下,2001 年 6 月,高教社领导班子换届,刘志鹏任社长,我继续任总编辑,党委书记是刘燕。其他班子成员有杨松涛、顾恩祥、吴向、王军伟等。

在高教社恢复重建后的历史上,这届领导班子是第五届,之前祖振铨社长任两届(1983—1991),于国华社长任两届(1991—2001)。

新一届领导班子成立后,刘志鹏社长凭借他多年来从事高等教育教学管理工作的经验和他对高教社的了解, 提出从 2001 年到 2010 年这 10 年的发展目标和发展战略,通俗地讲,叫作"三步走"。

第一步,2001 年到 2002 年,重点是重组业务流程,调整组织结构,为未来发展做准备。将编辑出版领域划分成 13 个业务分社,包括高等理工、高等文科、思想理论、体育艺术、中等职教、高职高专、考试用书、基础教育与教师教育、生命科学、计算机、外语、报刊、电子音像等。在数字业务板块设立了 3 个部门,有远程教育支持服务中心、数字教材编辑制作部、信息中心。生产营销部门也设立了 3 个,有编辑制作部、市场部、销售部。职能管理部门则有社办、党群、人力资源、运营、财务、法律、海外等。

第二步,2003 年到 2005 年,设想把各个分社变成一个个独立经营的实体,走市场化道路。通过兼并重组,与大学出版社合作等,实现规模化扩张,逐步形成跨地区、跨行业、跨所有制的教育传媒集团。高教社拟与大学出版社的合作,就发生在这一步。但是后来因为当时政策、条件所限,这件事没有做成。

第三步,2006 年到 2010 年,拟制定《五年行动纲要》。主要倡导两点:第一,教学资源实现"一条主线"的业务模式;第二,组织架构实现"一体两翼"。这是《五年行动纲要》要完成的核心任务。为了把这两点做好,《五年行动纲要》中还有 24 项举措,考虑得比较细致。

通过这"三步走",要实现的发展目标是:以发展为主题,以结构调整为主线,不断壮大实力,增强活力,利用 10 年时间,经过 3 个阶段,把高教社建设成为国内前列、世界知名、综合性、现代化、具有国际竞争力的大型出版传媒集团。

在刘志鹏社长按照他的设想带领班子一步步向前推进的同时,还有一个背景是不能忽略的,那就是教育部在这期间制定并实施的五年教材规划。

教育部"十五"教材规划体现在教高〔2001〕1 号文《关于"十五"期间普通高等教育教材建设与改革的意见》(以下称《意见》)之中。这次与以往五年规划不同的地方有三处:

第一,教育部发文不是单纯布置"十五"教材规划的制定工作,而是全面推动系列性的教学改革。《意见》强调"十五"期间高等教育教材建设的方针与目标的重点是:认真贯彻全国第三次教育工作会议精神,深化教材工作改革,全面推进素质教育;实施精品战略,抓好重点规划,注重专业配套,促进推广选用。

第二,在工作任务中,强调"编""选"并重,这是过去的五年规划没有提到的。也就是说,不仅要努力出版一批具有世界先进水平的精品教材,为高教教材质量的全面提高发挥示范和推动作用,还要大力推动选用已有的优秀教材。同时,要加强国外教材的引进工作。引进的重点是信息科学与技术、生物科学与技术两大学科的教材。

第三,关于制定规划的原则,比以往的五年规划要求更加细致,强调要突出重点,保证质量。重点仍放在抓好公共基础课、专业基础课和专业主干课的教材建设上,特别要注意选择并安排一部分原来基础比较好的优秀教材、"九五"重点教材及面向21世纪改革教材的修订再版,逐步形成精品教材。还强调为适应全面推进素质教育,必须扩大教材品种,实现教材配套。不仅同一专业的专业基础课、专业主干课教材可配套,而且同一门课程的基本教材、辅助教材、教学参考书也要系列配套。有条件的还应做到文字教材与电子教材同时规划,协调发展。

紧接着,到8月,教育部又下发了教高〔2001〕4号文件《关于加强高等学校本科教学工作提高教学质量的若干意见》,内容包括提倡教授上讲台,积极推动使用英语等外语进行教学,大力提倡编写、引进和使用先进教材等方面。这个文件对"十五"教材规划的指导就更具体了。

关于制定高教社的"十五"出版规划,在新社长未上任之前,我已有所准备。1999年3月我升任总编辑后,责任所系,对于面向新世纪如何制定好"五年规划"我已经有了初步考虑。等刘志鹏社长到任后,我结合他的思考,很快于2001年7月18日就提出了制定高教社"十五"出版规划的思路。

刘志鹏社长来社后提出"教学资源建设"的理念,与教育部和新闻出版总署制定"五年规划"的具体要求尚未能直接衔接,需要有一个"转换器"才能做到无缝对接。于是,我从他讲的"教学资源建设规划"中,将有关教材出版的内容摘出来,用以回应教育部"十五"教材建设规划和新闻出版总署"十五"图书出版规划中高教社需要完成的部分。这是制定高教社"十五"出版规划时要考虑的一个新要求。

回想起来,在高教社"十五"出版规划的制定过程中,我当时比较纠结、也颇费脑筋,但能显现智慧的一点是:社长强调教学资源建设,那我就不能简单、机械地按照过去的惯例制定高教社"十五"出版规划,只提教材出版。否则就会与社长发出的"教学资源建设"的声音不和谐。当时,一方面需要强调社长提出的工作重点,是"资源建设"一条主线;另一方面,还要回答编辑们提问的"资源建设"抓手在哪儿。因为编辑部门习惯看到的是书,是教材,所以,针对编辑系统我又提出了"编辑部门业务工作基本思路",并按照传统思维做足教材文章,强调在高等教育层面抓好教育部"十五"国家级规划教材,在中等职业教育层面抓好教育部推荐教材。高教社"十五"出版规划要在此基础上做好分类指导。因为各个出版中心的情况太不一样了:业务发展成熟的出版中心是一种做法;业务处于发展中的出版中心又是一种做法。强调的重点不一样,各自情况有很大不同。

在当时高教社强调"教学资源建设规划"的同时,我提出"编辑部门业务工作的基本思路",得到社务会的支持。这是一个创新。

我牵头制定高教社"十五"出版规划,按照新闻出版总署的出版要求,实际上主要体现了两方面的内容:教育部的教材规划和高教社自己的重点任务、重点工作。

教育部"十五"教材规划具体要求前面已经讲过,申报方式是由各高校自己申报。而填写首选出版社,主动权在作者手上,选题"花落谁家"的不确定性加大了许多。面对情况复杂多变的局面,我提出:一定要先和作者签订

在高教社改革发展研讨会上（自右至左：张增顺、刘志鹏、刘燕、杨松涛、吴向等）

出版合同或约稿合同。只有签订了这两种合同中的一种，才能真正落实是高教社的选题。我要求全社的编辑人员全力以赴，防止选题流失。当时社里成立了"十五"国家级规划教材项目指导组，我牵头，与郑惠坚副总编辑一起推动"十五"国家级规划的选题申报工作。那时候，出版社之间的竞争已经十分激烈。高校社有 18 种选题已被其他出版社抢走，数量虽然不多，但需要引起足够警惕。当然，也有其他出版社的选题到了高教社手里。经过大家共同努力，最终取得了比较理想的成果。据统计，"十五"国家级规划教材最终有 2021 种教材入选，其中教育部选定了 1806 种，其他部委选定了 215 种。高教社承担了 693 种（不含高职高专），占整个选题规划数量的 1/3 左右。如果把高职高专算进去，高教社一共承担了 964 种，接近整个教材规划数量的 1/2。为了更好地完成这些选题的出版任务，我责成总编室召开了普通高等教育"十五"国家级规划教材出版工作专题研讨会，并根据会议精神，制定了《高教社关于出版普通高等教育"十五"国家级规划教材的实施意见》。

　　在高教社"十五"出版规划中，除了要完成教育部"十五"国家级规划教材的出版任务,还要完成社内的重点任务,譬如,高教社的"百门精品"教材建设计划、高职高专的"银领工程",还有"1015"工程。"1015"工程包括10个教学资源库和15个教学资源整体解决方案,是专门为落实教学资源建设方案而提出的。在经营工作会上大家讨论这个工程的名称,我说,为了便于记忆,就叫"1015"工程吧。

在处理教育部"十五"教材规划和高教社"十五"出版规划之间的关系时,我一直寻求两项任务的最佳结合点,既要完成好教育部规划教材的出版任务,也要落实好高教社"十五"出版规划。

在制定高教社"十五"出版规划时,考虑到高教社面临的竞争局面愈加激烈,国家教育行政部门对高教社的保护政策逐渐削弱,再加上高新技术特别是网络技术和数字化技术的冲击,于是我特别强调:必须坚持"抓重点、抓精品,带动结构调整;抓优先发展领域与推动整体实力增强"的原则。必须明确全社优先发展领域,即"理工科类为计算机及信息技术、医学和生命科学等;文科类为外语、经济管理、法学等;还有网络课程和教学资源库建设、期刊建设"。社务会原则上同意我的意见,并确定500种出版物为重点出版物,列入规划。在组稿、编辑加工、市场培育和宣传推介等各个环节,引入创新机制,给予经费资助,扶持其尽快完成市场导入,成为高教社新一代品牌产品。

为了便于工作,对全社优先发展领域的确定,采取先由上而下,再由下而上的方法推进;对重点出版物的确定,采取先由下而上,再由上而下的方法推进。换言之,对前者,社里必须旗帜鲜明地从大局出发,敢于"亮剑",敢于担当,敢于表态;对后者,要充分尊重各出版中心意见,充分调动、发挥各出版中心的积极性;最后社里集中意见后下文支持。

显然,高教社"十五"出版规划不是一般意义上的规划,它是一个强调"抓好重点出版物全面提高质量"的出版规划,明确了高教社"十五"优先发展领域,对高教社未来发展有着重要的指导意义。

配合社长工作的两桩心事

在"十五""十一五"期间,我配合社长工作,有两桩心事是必须要说的。一是高教社强调的是教学资源建设,教育部强调的是教材规划,新闻出版总署讲的是图书出版规划。显然,在我这里,就不能简单地按照某一个指令开展工作了。我作为总编辑需要揣摩一个问题,那就是如何做才能使高教社对外只有一个声音,不能有多种声音。为什么呢?因为社里内部讲教学资源,大家都明白,但是对新闻出版总署来说,他们要求报送的出版规划是问高教社到底能出多少种图书。对于教育部来说,高教司关心的是要完成其所强调的教材规划,高教社到底能负责多少。所以,面对不同领导部门的不同要求,要做好上下左右衔接、内外转化、具体落实的工作。

要说的第二桩心事,就是刘志鹏社长提出新的工作理念以后,在社内实际工作中,我作为总编辑怎样支持社长工作的问题。换句话说,我怎么做才能把社内、社外的要求一致起来,让方方面面都能接受、认可高教社的理念。

怎样支持社长工作?我当时就抱定一条原则:我和刘志鹏社长在工作上必须互相尊重、互相支持,互相补台不拆台。当时社里号称"三驾马车",即社长、总编辑、书记。这"三驾马车"工作各有侧重点。对于党的工作,我作为党委委员,自然要支持书记把社党委有关工作做好。对于全社的经营管理工作,自然是我作为总编辑的分内之事,一定要配合社长把他的要求贯彻下去。

配合社长工作，必须要有实际行动，不能"光说不练"。刘志鹏社长于2001年到高教社后，对我的工作很认可，社里的经营工作，如召开全社经营工作会、倡导全面预算管理等全社层面的经营性活动，他都放手交给我来统筹。我也明白，他初来乍到，需要一段时间熟悉工作，于是我知无不言、言无不尽地向他建言。譬如，对于2002年度全社经营工作会如何召开，我建议不能等到年末，最好上半年召开一次，下半年再召开一次。他采纳了我的建议。这样，2002年就召开了两次经营工作会。在上半年的经营工作会上，刘志鹏社长在讲话中谈了他从教育行政管理部门到高教社后对出版的认识和想法。我在他讲话精神的基础上，结合高教社的实际，对全社2002年的经营工作进行了部署。2003年以后，一直到2009年，刘志鹏社长对全社工作熟悉了，社里的经营工作会就恢复为一年一次了。都是在年初召开，由社长做主旨报告，我做会议总结，我们配合得非常默契。例如，2003年经营工作会，刘志鹏社长主旨报告的题目是"认清形势，实现四个转变，为圆满完成今年的工作任务而努力"，我做会议总结时的题目是"团结一致，狠抓落实，努力完成经营任务"。

后来，一直到"十一五"时期，在2006年经营工作会议做总结时，我发言的题目是"积极创新，务实工作，为全面实施《五年行动纲要》开创新局面"，在会上，我认真回顾了2005年的经营工作，重点解读了2006年的重点工作。在2007年经营工作会上，刘志鹏社长做主旨报告后，我用三句话解读他的报告：第一句话，什么叫"以质量工程为契机"；第二句话，什么叫"解放思想"；第三句话，怎么做才能体现"狠抓落实"。强调要做好这些事情，必须处理好三个关系：眼前和长远、局部和整体、主与次。2009年，我在经营工作会上做总结的题目是"进一步解放思想，转变观念，狠抓落实，加快推进我社转型"。

　　通过我做总结报告时的主题可以看出：思想层面，是社长代表社务会提出的；到我工作的层面，就是要狠抓落实。总编辑和社长配合默契，在社内社外形成"一个声音"，就体现在这里。

争先进入"万种新教材"规划

　　教育部为了贯彻落实党的十六大和十六届三中全会精神，在顺利实现"面向 21 世纪教育振兴行动计划"的基础上，2004 年 2 月 10 日又制订了"2003—2007 年教育振兴行动计划"。国务院于 2004 年 3 月 3 日批转。这个行动计划把实施"高等教育教学质量与教学改革工程（简称质量工程）"作为重要内容，以此为抓手，全面提高高等教育人才培养质量。

　　"质量工程"的重要内容包括：一是建设 1500 门精品课程，授予"国家精品课程"荣誉称号，并将精品课程的教案放在网上，推进优质教学资源共享。二是改革大学公共英语教学标准、手段和考试方法，推进基于计算机的个性化英语教学，提高大学生的英语综合实用能力。这项工作由时任高教司司长张尧学极力推进，组织高等教育出版社、外语教学与研究出版社、上海外语出版社、清华大学出版社等系统开发和完善大学英语教学软件，并与国外厂商合作，开发适合中国高校使用的英语教学软件。三是继续推进教授上讲台，每年评选和表彰 100 名在教学上有突出贡献的高校教师，授予"国家级高等学校教学名师"荣誉称号。以此为契机，在全社会形成关注教学、关注名师的良好氛围。

　　在落实"质量工程"的过程中，教育部于 2005 年 10 月 13 日发出通知，要求各学校、各有关出版社申报"普通高等教育'十一五'国家级规划教材"。申报教育部"十一五"国家级规划教材与以往相比有两点不同：一是申报的新编教材需附讲义,修订教材必须是"面向 21 世纪课程教材"和"九五""十五"规划教材及其他质量较高且已经出版两年以上的教材,并附原版教材;二是申报方式改为由出版社直接向高教司申报。

高教社收到教育部高教司正式文件已是 2005 年 10 月 20 日后。由于时间相当紧张,我立即通知总编室在内网发布文件,并将文件送达王霁、阎志坚等有关副总编辑和刘援、杨祥、尹洪等有关出版中心主任,动员全体编辑(包括社领导)抓紧时间争取作者的支持,认真申报。为了重点落实高职高专和文科两个出版中心的申报工作,我和运营管理部肖娜主任、熊威副主任于 11 月 1 日上午和 2 日下午分别到这两个出版中心,召开申报办公会,并强调:第一,"十一五"教材规划的选题,无论是新编还是修订,都有"硬条件",即新编教材必须附讲义,修订教材有时间要求,还要说明修订理由。因此,高职高专出版中心要把"百门精品"和"银领工程"中的优秀教材纳入规划。文科出版中心虽然起步于 20 世纪 80 年代,但经过大家的不懈努力,特别是以"面向 21 世纪课程教材"为契机,已成功进入并在相当程度上占领了本科教材阵地。但是,这还不够,务必抓住"十一五"规划机遇,再上新台阶。第二,由于申报方式改为由出版社申报,因此获得作者的支持至关重要,必须做好争取作者的工作。首先要争取名作者,其次要争取那些名气不大但在其专业内有好的发展前景的作者。争取作者的过程,实际上是对出版社编辑组稿策划能力的一个考验。谁抓住了作者,谁就掌握了主动权。最后要把握好度,做到已有的老作者一个都不能丢,新作者尽全力争取,达成意向后,立即签订出版合同。

与此同时,借着 10 月底理工中心召开的全国部分高校教务处处长会议和 11 月初《教学与教材研究》在西安召开的年会,我主动与当地的重要作者交流沟通"十一五"国家级规划教材的申报情况。还要求运营管理部向教育部直属高等院校教务处用特快专递发函,表示高教社愿与学校一起共同做好"十一五"国家级规划教材的申报工作。

经出版社申报、专家评审、网上公示，教育部最后确定将9716种选题列入"十一五"国家级教材规划。其中，高教社申报了3400种，列入公示名单的有2219种。为了让教育部"十一五"国家级教材规划取得成效，高教司拟充分调动所有出版社的积极性，强调由出版社作为主体来进行申报，与过去的申报方式有很大的不同。但高教社凭借自己的实力，谨慎应对，争先入围，圆满完成了"十一五"国家级规划教材的申报工作，无愧于高等教育教材出版"主力军"和"国家队"的美誉。

在申报教育部"十一五"国家级规划教材的过程中，还有一个小插曲。记得2005年9月27日上午，教育部普通高等教育"十五"国家级规划教材建设管理委员会在高教社召开第四次工作会议。应大家要求，会议简要通报了教育部关于制定"十一五"国家级规划教材的思路。下午，高教社召开总编辑办公会。在听取了向新闻出版总署报送高教社"十一五"国家重点图书出版规划的情况后，我把上午出席教育部国家级规划教材建设管理委员会第四次工作会议的有关精神在内部"吹了风"，希望大家利用"十一"国庆假期做好教指委委员、学校、作者的工作，争取更多更优的作者为我社编写高质量的教材，做好"十一五"国家级规划教材的申报准备工作。没想到，由于个别编辑人员工作心切，不慎把会上有关消息透露给一些学校。国庆节后，听说高教司接到一些学校的电话，询问此事。高教司只好把即将下发的文件稍做修改，至10月20日才正式发文。正式收文后，高教社开始了上述一系列扎实有效的工作，给"十一五"国家级规划教材的申报工作画上了一个圆满的句号。

教育部"十一五"期间制定万种新教材规划，数量上是此前从来没有过的；高教社承担了3400种新教材出版任务，也是破历史纪录的。同时，高教社还要完成"马克思主义理论研究和建设工程"项目的系列图书和新闻出版总署下达的重点图书出版规划,以及高教社自主选题等,任务是相当艰巨的。"十一五"出版规划选题确定后,高教社相关出版中心的编辑及时跟进,开展策划、组稿、编辑加工等后续工作,全社出版工作快速转入正轨。

到了"十一五"末期,2010年上半年,由于出版规模与产能严重不匹配的矛盾凸显,质量问题也时有发生。我提议,对"十一五"最后一年(2010年)的出版计划进行调整。当时,李朋义社长刚来高教社工作半年有余,他支持我的意见,并召开社务会研究决定:(1)坚持"压缩品种、优化选题、提高质量"的原则,把新品种控制在2500种左右,最多不得超过2800种。(2)高教社发展需要规模,但扩大规模不等于增加品种。要重视各种图书的平均销售册数,既要提高内容质量,又要提高效益质量。要求各出版中心对选题进行再论证,进一步压缩平庸选题以保证双效益图书的出版。(3)压缩选题时要充分考虑与作者签订合约的情况,务必做好相关工作。

当初制定高教社"十一五"出版规划时,还有另外一个背景,那就是围绕高教社未来发展如何体现完成经过社务会研究同意的《五年行动纲要》。《五年行动纲要》勾画出"一体两翼"集团化组织架构。实际工作中,刘志鹏社长把出版"一翼"的经营工作交给了我。为了适应"一体两翼"的工作环境,刘志鹏社长在2007年经营工作会上宣布成立出版管理委员会,取代总编辑办公会。出版管理委员会由我牵头,人员有吴向、王霁、阎志坚、苏雨恒、刘援、杨祥、尹洪、邹德林、肖娜等。其办公会议主要研究、解决与出版有关的问题,而"跨两翼"的有关问题则专门由生产营销会议研究解决。

在理解社长整体思路的基础上,我必须找出和出版结合得比较紧密的内容,以站得住脚的方式,推动出版这"一翼"的经营活动按照出版的规律往前走,让编辑业务部门有的放矢。那时,总编室总问我出版规划要不要做,怎么做。我说,继续做。记得曾经做了三个计划:一个是图书出版计划,一个是音像出版计划,一个是教学资源库和整体解决方案计划。我对总编室的同志说,这三个计划都是《五年行动纲要》蓝图里的重要内容,是高教社内部改革创新方面的探索。在实际工作中,教育部和新闻出版总署要的是图书出版计划和音像出版计划。我们按照上级领导部门的要求工作时,只能把"教学资源建设计划"中的出版计划单列,上报教育部和新闻出版总署。记得2007年就是这样做的。

那时,就这样一步一步走过来了。回想起来,这段时间是我职业生涯中历练较多、业务能力相对成熟的阶段。"九五"时期,我以分管编辑部的副社长兼副总编辑的身份协助社长、总编辑制定并实施出版规划。而在"十五""十一五"期间,我以一个总编辑的身份,兼顾出版和销售领域,通过生产办公会(2004年后)、生产营销办公会(2007年协调教学服务部与各出版中心、高教社与蓝畅发行公司整合营销等),针对当时的背景条件和情况特点,带领全社编辑系统制定并实施出版规划,为高教社编辑出版事业的发展贡献了智慧和力量。

挺拔教材出版主业，"咬定青山不放松"

2009年12月8日，李朋义就任高教社社长。此时正值"十一五"规划时期末，谋划做好"十二五"时期事业发展规划自然成为新社长上任之初的一项重点工作。对我而言，面临退休，即将卸任，但做好全社"十二五"事业发展规划，特别是出版规划，是义不容辞的责任。在大半年的时间里，我努力协助李朋义社长做事业发展规划的制定工作，并主持制定了"十二五"出版规划。

首抓规划制定，确定教材出版主业

我和李朋义早在1992年一同参加教育部组织的"世界银行贷款项目"考察团时相识。当时他是外语教学与研究出版社社长，我任高教社副社长，分管天津印刷厂。由于同在教育出版战线工作，十多年来在工作、社会活动中经常交流、沟通，算是老朋友。在李朋义上任高教社社长的前几天，我去中央党校办事，正好碰见他（他正在中央党校学习），两人自然谈到了高教社的工作。他说，重点要抓三件事：一是转企改制，二是"十一五"时期工作圆满收口，三是做好"十二五"规划的调研。他反复强调做好"十二五"规划是关键。对此，我表示认同。

李朋义任社长后，在2009年12月10日高教社第七届社务会第一次会议上明确提出,起草、制定"十二五"事业发展战略规划是高教社 2010 年的重要工作之一。他让我牵头,考虑成立一个工作小组,对"十二五"规划制定工作提出具体方案。第一次社务会议之后,李朋义社长借全社 2009 年工作总结的机会,广泛、认真听取了全社各部门,特别是各出版中心的工作汇报和未来工作计划。这实际上对制定"十二五"事业发展战略规划又进行了一次系统的调研。

2010 年 2 月 21 日,在春节假期后召开的第七次社务会议上,根据教育事业中长期发展规划和新闻出版业今后十年发展目标,在已有工作的基础上,开展"十二五"事业发展战略规划的起草工作,力争上半年完成。起草工作明确由我负责,苏雨恒协助,事业发展部具体落实,在全社制定"十二五"事业发展战略规划的同时,要求各出版中心根据教育部有关规划,结合数字出版、网络出版,分层次制订好新选题、新业务、新项目的研发计划。

2010 年 8 月 17 日、18 日两天,在北京稻香湖会议中心专门召开会议,审议高教社"十二五"事业发展战略规划讨论稿。李朋义社长作为战略规划纲要制定领导小组组长,强调了会议的重要性。我作为工作组组长,介绍了规划纲要制定的有关背景。苏雨恒作为工作小组副组长报告了规划纲要的讨论稿以及对规划纲要的思考。会议肯定了大家的工作,决定以后适当时候召开全社干部大会,广泛征求意见后做进一步修改,待社务会讨论通过后争取下个财年开始执行。

第七次社务会议之后,我作为落实高教社"十二五"事业发展战略规划制定工作的具体责任人,于 2010 年 3 月 10 日正式成立起草小组,启动制定工作。在组织开展全社事业发展战略规划制定工作的同时,我身为总编辑,同时还重点负责"十二五"出版规划的制定。李朋义社长在研究全社事业发展战略规划制定工作时,明确提出挺拔教材出版主业。所谓"挺拔教材出版主业",就是最终要落实教材的选题、编辑和出版工作,就是要落实出

2010年8月17日,在李朋义(前排左)主持召开的"十二五"事业发展战略规划会议上发言

版规划。

为了加强产品研发,做好出版规划,2010年4月2日,李朋义社长在总编辑办公会上明确提出成立编辑委员会,其主要职能包括把握全社选题方向、对全社选题进行规划、审批重大出版项目、编辑队伍建设研究、提高出版物质量五个方面,并提议我做编辑委员会主任。为了方便工作,我提议,由李朋义社长兼编辑委员会主任,由分管编辑业务的社领导和若干经营管理部门的负责人作为委员会成员。我做副主任,负责主持会议和日常工作。

编辑委员会的工作坚持民主集中制。讨论选题时,对有争议的选题,采取无记名投票方式决定取舍;对存在政治观点、政治倾向问题的选题不讨论、不投票,而是一票否决。其他经编辑委员会论证否决的选题必须具有新的充分的论据支持,方可再次提交编辑委员会论证。若仍被否决,则为最终裁决,不予列选。

经过一段时间的酝酿和准备,并经社务会议同意后,编辑委员会于7月29日召开了第一次会议,研讨"十二五"出版规划的工作思路和2011年出版计划。会上明确要求,制订 2011 年出版计划和制定"十二五"出版规划必须遵循高教社办社宗旨——"植根教育、弘扬学术、繁荣文化、服务社会";各出版中心的定位是研发中心、经营中心和利润中心。制定规划具体要做到"六个结合":一要同正在制定的全社"十二五"事业发展战略规划中的"精品战略"相结合;二要同"产品线"相结合,梳理产品线和相应的重点产品;三要同建立现代企业制度和机构调整相结合;四要同全社的办社宗旨相结合,突出学术出版对高教社品牌的支撑作用;五要同数字化工作相结合;六要同队伍建设和人才培养相结合,各出版中心主要负责人要成为产品的策划人和出版人。

　　会议由我主持,最后,我强调:要同步配合我社"十二五"事业发展战略规划制定工作,采取务虚和务实(五年规划前,两年实后三年虚)相结合的工作方式,深入研讨,集思广益,制订好 2011 年出版计划和制定好"十二五"出版规划,重点思考未来我社的出版规模、产品线及精品出版物、重大项目选题、数字化研发、出版质量、出版"走出去"等各项工作。

两轮审议并制定各出版中心出版规划

　　编辑委员会第一次工作会议以后,我首先指导总编辑办公室根据会议要求,修改完善了《关于编制我社"十二五"出版规划的思路》《关于制订 2011 年度出版计划的意见》两个文件。《思路》对制定出版规划结构、规划规模、规划重点以及编制工作提出了具体明确的要求。《意见》对制订 2011 年出版计划的指导思想、工作原则提出了指导性意见。这两个文件经多次征求编辑委员会成员、各出版中心负责人意见后正式下发,对指导"十二五"出版规划和 2011 年出版计划的制订工作发挥了重要作用。随后,我又组织全社 15 个出版中心、独立分社积极开展各部门各自"十二五"出版规划及 2011 年出版计划的编制工作。

到了 2010 年 8 月 19 日，编辑委员会召开第二次工作会议（扩大），花费一整天的时间，对各部门出版规划、出版计划进行了第一轮初步审议。会上各出版中心依次汇报了编制工作。在审议中，李朋义社长反复强调"十二五"出版规划是全社"十二五"整体事业发展战略规划的重要组成部分，2011 年出版计划是"十二五"开局之年全社总体工作计划的重要组成部分。要做好"十二五"规划的编制工作，首先要明确高教社在转企改制后作为出版企业、文化企业的定位，要明确高教社加入中国教育出版传媒集团后的定位，要明确"又好又快"科学发展的定位。在"十二五"出版规划编制工作中要着重解决好出版规模、产品线、数字化和责任制四个方面的问题。会议认为，编制工作进度总体上已经过半，但仍需加大力度、加快进度、确保在本财年结束前完成。

初审各出版中心的出版规划后，我召集各出版中心、独立分社对各自的"十二五"出版规划和 2011 年出版计划如何进一步修改和完善提出具体要求，并统一编制体例，由各位分管社领导牵头落实。9 月 6 日和 7 日，编辑委员会又用两天的时间，对各出版中心"十二五"出版规划和 2011 年出版计划再次进行审议。

会上，15 个出版中心、独立分社依次汇报。编辑委员会对各出版中心的汇报内容逐一论证审批，提出了具体的审批意见。例如，编辑委员会认为，社政出版中心形成了"马克思主义理论研究和建设工程"及思想政治理论课程教材产品线，但如何在市场占有率已趋饱和的情况下继续实现较快增长还需进一步研究；肯定高等理工出版中心形成了理工基础课程和理工专业课程两条产品线，并且在产品研发、市场营销、数字化建设等方面思路清晰；肯定高等文科出版中心形成了"马克思主义理论研究和建设工程"重点教材产品线,明确了"图书+数字资源产品"发展的思路;称赞中职出版中心形成了国家规划教材、师资培训教材、区域出版教材等产品线;建议高职出版中心要重点研究如何通过加强产品研发、市场营销,克服困难,实现规划预定的发展目标;强调外语出版中心要在以往工作的基础上,以全新理念、全新开发手段,重点研发足以支撑未来发展的、具有影响力的大型出版项目;鼓励国际汉语出版中心要更好地总结汉语教材在海外市场推广落地的经验,实现业务模式在其他相似国家的成功复制;肯定生命科学与医学出版中心形成了生物、农林、医学类教材产品线,重点项目突出,数字化发展模式清晰,充分体现了出版水平和出版能力;鼓励基础教育与教师教育分社要瞄准教师教育这一发展潜力巨大的业务领域,充分整合和利用好各种资源,力争业务发展有新的突破;等等。

经过两轮的审议,各出版中心"十二五"出版规划框架基本形成,发展思路基本明确,规划内容比较完整,汇总形成全社出版规划的条件成熟。紧接着,责成总编辑办公室汇总起草了《高等教育出版社"十二五"时期出版规划》。全社出版规划提出"十二五"时期要适度控制新品种出版规模,全面提升出版质量,不断提升出版效益。通过狠抓产品线、重点(重大)出版项目、精品出版物建设,实现出版物销售码洋增长、精品出版物比例提升和出版主业转型升级。

10月5日~7日,社务会议审议全社"十二五"事业发展战略规划及其子规划,出版规划作为子规划之一上报社务会议审议。在审议中,社务会议原则上同意出版子规划的框架,同时指出重大项目尚不够突出。具体来说,就是从高教社转企改制、数字化出版发展的大环境和贯彻落实《国家中长期教育改革和发展规划纲要(2010—2020)》的大背景上来看,出版规划的亮点、重点还不够突出。有些出版中心(独立分社)的产品线还不够清晰;有些出版中心对精品和重点项目的策划还不足,特别是缺少"十二五"期间新的大型出版项目的策划;有些出版中心数字化发展的总体目标和运营模式还不清晰。因此,要求各出版中心不能松懈,要不断完善"十二五"出版规划。

因此,我又组织各出版中心分别在产品线、重大出版项目和精品出版物上重新梳理,继续推进和深化出版规划制定工作。10月21日,编辑委员会专门召开工作会议,再次与各出版中心、独立分社探讨"十二五"规划产品线、重点项目和重大项目。据统计,全社共形成了30余条产品线、近400个重点项目和重大项目。

至此,"十二五"出版规划的编制工作告一段落。作为一个整体,全社出版规划后面还附有"各出版中心、独立分社部分经营指标""全社产品线和重点出版项目""各出版中心、独立分社'十二五'出版规划"若干文件。

回想起来,制定"十二五"出版规划的工作从2009年12月开始,总共持续了11个月的时间。高教社通过成立编辑委员会、制定出版规划,对"十二五"时期"挺拔教材出版主业"做了全面的谋划。更重要的是,在转企改制那个特殊的关键时期,全社上下齐心协力,通过聚焦产品研发、制定出版规划,挺拔教材出版主业,为"十二五"时期的事业发展奠定了良好的基础,发挥了重要作用。

第二辑

难以忘怀的那些事儿

新时期出版人改革亲历丛书

出版生涯 40 载,其间经历了成千上万的事儿。在记忆中,这些事儿有的擦肩而过,有的仅留下划痕,而有的刻骨铭心,成为教育出版史上的里程碑,令我回味无穷。这里,我从编辑出版、生产营销、行政管理等不同层面,回顾那些难以忘怀的事儿,如昨日重现,历历在目。

"马工程"首批重点教材出版

2006年秋季，作为"马克思主义理论研究和建设工程"（以下简称"马工程"）的重点项目，一套代表国内最高水平的高校思想政治理论课新教材如期发放到了500万高校新生手中。一套教材的编写大纲由党中央讨论审定，这在新中国历史上还是第一次，充分体现了党和国家对大学生思想政治素质和全面发展的高度重视。高水平的教材需要高质量的出版，高等教育出版社组织全社力量，向困难挑战，承担了这套教材的出版发行任务，打响了一场高教社建社50多年来较为艰巨的出版之战。

事情的缘起可以追溯到2004年。这一年的3月18日，时任中共中央总书记胡锦涛在一份有关高校公共理论课教学情况的调研报告上做出重要批示，要求中宣部、教育部深入研究高校公共理论课的教学问题，本着与时俱进的精神，从培养师资队伍、加强教材建设、改革教学方法、改进宏观指导等方面下功夫，力争在几年内使公共理论课教学情况得到明显改善。

之后不久，中宣部、教育部成立了高校思想政治理论课调研领导小组，在全国范围内进行了为期9个月的大规模调研。根据调研结果，同时集中各方面的意见和建议，2004年12月，中宣部、教育部形成了《中共中央宣传部、教育部关于进一步加强和改进高等学校思想政治理论课的意见》（以下简称《意见》）送审稿。2005年1月，中共中央政治局常委会原则上同意了送审稿。2月，《意见》正式印发。

《意见》最终确定了高校思想政治理论课的新格局,即在高校四年制本科开设"马克思主义基本原理概论""毛泽东思想、邓小平理论和'三个代表'重要思想概论""中国近现代史纲要""思想道德修养和法律基础"等四门必修课程。2005年年初,中宣部、教育部决定编写一套代表国内最高水平的高校思想政治理论课教材,将其纳入刚刚启动的"马工程"重点项目,力争于2006年秋季开学后在全国高校(包括高职高专院校)统一使用。

2005年3月,中宣部、教育部联合成立了高校思想政治理论课教材编写领导小组。时任教育部部长周济担任组长,时任中宣部副部长雒树刚、时任教育部副部长袁贵仁任副组长。成立高校思想政治理论课教材编审委员会,袁贵仁担任主任委员,国内知名专家韦建桦、吴树青、张岂之、罗国杰任副主任委员,正式启动这项工作。

作为高校思想政治理论课教材出版的重要基地、教育部直属的大型综合性出版社,高教社把完成这项工作视为义不容辞的政治责任,闻讯后立即于3月23日向教育部递交了《高等教育出版社申请承担高校思想政治理论课新课程教学大纲和教材编写、出版及相关工作的请示》,提出举全社之力承担教材编辑出版这项光荣而艰巨的政治任务,并给出了保障这项工作顺利推进的具体方案。考虑到高教社在高校教材出版领域的实力和不辱政治使命的决心,教育部很快批示,同意由高教社承担这项工作。

教育部的批示让高教社全体员工备受鼓舞。社领导班子将高校思政课教材出版列为当年社内的"一号工程",成立了专门的领导小组。受社长委派,领导小组由我牵头,王霁、阎志坚、王军伟(负责发行工作)三位副总编辑协助。在总编辑办公室的组织下,先后召开20次协调会议,调动社内编辑出版优质资源,全力以赴完成这项特殊的政治任务。

首要任务是确定教材编写大纲。按照党中央确定的"定向申报、择优遴选、集中编写"的原则,教育部组织各省市申报教材编写大纲。经过教材编审委员会组织的评审专家的认真审议,四门必修课程各有三个大纲通过初选。在此基础上,党中央最后确定了四本教材的编写组的首席专家和编写组成员。其间几经修改,形成了教材编审大纲的送审稿。2005 年 9 月,党中央审定批准了高校思想政治理论课教材编写大纲。

大纲确定后,要立即着手编写教材。以四本教材中最先面世的《思想道德修养与法律基础》为例,从 2005 年 11 月初稿拟定后,集中修改、审稿、统稿达十余次。有些章节几经调整。初稿字数约 30 万,每次修改都要改动数百处,修改字数达 2 万～4 万字,四次大的修改涉及字数均超过 6 万。虽然最后教材定稿字数仅为 18 万多一点,但经修改的总字数是实际出版教材字数的好几倍。教材的文字经过精心推敲和打磨,语言非常简洁、凝练,是名副其实的集体智慧的结晶。

教材编好后,需要仔细审定。作为"马工程"的第一批重点教材,这套教材意义重大,受重视程度空前,因此审定过程非常严格:先是教育部组织的教材编审委员会专家审议,之后是教育部党组审议,再由"马工程"咨询委员会审议,最后是党中央审定。

"马工程"重点教材首批四本中
的《思想道德修养与法律基础》

　　自教育部批准高教社承担编辑出版任务后，高教社就正式投入工作。高等文科出版中心思想理论分社和《思想理论导刊》的全体同志，与专家们共同工作、共同奋斗，在近一年半的时间里，参与配合、组织了近40次新教材的编写会、审稿会、统稿会、征求意见会和培训工作会。不仅为专家组提供了全方位的优质服务，还积极为专家组建言献策，得到专家组的好评。这也是编辑参与教材研发全过程的体现。

　　在书稿评审过程中，每次从专家组修改完毕到下一次送审的时间间隔都非常短，有时甚至只有一天的时间。往往是专家们改完的章节经中宣部、教育部审读后，编辑人员马上进行编辑处理，处理完又马不停蹄地送上级部门再审。这中间，有些章节还不是一次就能敲定，需要反复征求意见和进行小规模的研讨。所以，编辑们就只能抓住送审、研讨的空隙加紧工作。只要稿子一到，哪怕熬夜加班，也要把稿子审读、排版、校对、印制出来。有时为了抢时间，许多同志经常连续一两个昼夜没合眼。

　　由于书稿每次大的修改后都要经过一次"短平快"的编辑加工，因此，当时主要负责编辑加工的相关编辑总是加班加点，把挑灯夜战当作"家常便饭"。但是，无论时间要求多么紧，编辑工作一定是一丝不苟的。我记得当时编审王方宪就把这种"认真"形容为"蛋中把骨挑，目光赛大雕，字字精推敲，逗号也难逃"。因此，每一次教材送审，对我们的编辑人员来说都是一次战斗的洗礼。

　　说到编辑部的工作，自然不会忘记封面设计部门的同志。为了实现较为理想的装帧设计效果，他们苦思冥想，绞尽脑汁，不厌其烦，易稿十几次，最后得到领导同志的认可。

　　作为四本教材中第一本正式出版的教材，《思想道德修养与法律基础》从拿到稿子到出版，用了不到一年时间。而从2006年8月4日中午12时终审稿确定，到第一批教材计划印制入库，只有10天时间。万事开头难，因

为是第一本教材,回想起那些日日夜夜,真是记忆犹新。下面的时间进度忠实地记录了当时工作的紧张程度:

8月初,高教社专门就出版印制环节进行了开会动员,要求专业定点厂、专用纸张、专用油墨保质保量完成这项任务。印务部负责人胡涛立即召开了定点承印厂和纸张供应商会议,周密部署相关工作,确保落实印制要求。

8月3日,拿到书稿的电子文件,预先进入排校环节。

8月6日下午,数码印刷原稿复印件送中宣部审阅。

8月8日下午,去中宣部取样,一刻不停地工作到深夜,定版准备开印。

8月10日晚8点,经过全社人员的共同努力,特别是在组织人员对软片打印样进行审读后,我权衡质量和时间进度,终于敲定了正文版样,同时开印封面,开印之后发现封底的网址有问题,马上改黑版。

8月11日,发现某承印厂印的封四有一色道比其他的色道颜色深,紧急通知印刷厂重新打样,同时重印外封。

8月11日,开始批量印刷正文,印制员全部下到21个承印厂,从制版、晒版开始督印,从墨色、字迹到印刷工艺都严格要求,签字同意开印。

截至8月16日,第一批300万册教材完成印制,开始入库。

8月16日以后,印制过程顺畅,每天至少完成50万册的生产量。

8月底,累计500万册教材及时入库。

在印制生产环节面临如此高压的态势下,在保证内容质量方面丝毫不能掉以轻心。我反复强调,这套教材意义不同寻常,而且量大,要慎之又慎。

果不其然,差点出现大问题。8月9日上午,印务部王琦打电话说,稿子清样弄好了,工厂等着开机印刷,希望我签字,同意开印。

一旦签字就开印,这么大的印量,一旦有错,后果不堪设想。于是我通知总编室主任肖娜第二天(8月10日)一早组织年轻编辑再增加一次通读。本来,总编室已经专门组织资深编辑对清样进行了三次集中通校,并出了软片。但我心里还是不踏实,于是决定这次通读就把软片清样当成书,一定要找与本书编辑审读过程无关的年轻编辑作为第一读者,就像看书一样,看看软片清样有没有问题,做到"零差错"。

就是在这次通读中,社里一位青年编辑刘新英,真发现有三个段落中的数行文字与此三段首句缺乏紧密的意义关联,似有讹误。她不是专业学法律的,不敢贸然断定,故又仔细阅读其他相关文字,发现其他段落的段首句与此三段中的数行文字更为呼应,由此推测很可能是由于某方面的疏忽,导致此数段出现内容倒错。后来一核查,发现确实有问题,而且是一处严重的硬伤!原来是责编在抢时间加班誊抄作者样的过程中,一时疏忽将本应加到第三、四、五段的内容分别插到了第四、五、六段之中。

这真是把我吓出了一身冷汗!这件事情让我终生难忘,是经验,更是教训。质量面前不能有任何疏忽。后来我逢会就讲,这么重要的一件事情,四本思想政治理论课教材的第一本,十几个印张首印 500 万册,出问题不但要负政治责任,引咎辞职,也会给出版社带来上十万元的重大经济损失。

在进入批量印制环节以后,我也严把印装质量关。500 万册书,21 家承印厂同时开印,时间那么紧,任务又那么重,要保证同样的高质量,是非常不容易的一件事。其中有一个厂,承接了 12 万册的印装任务。印后做质量检查,发现印刷墨迹有些模糊,我丝毫不留情面,要求工厂把这 12 万册全部报废并重新印刷,确保印制质量。

发行环节也同样"压力山大"。这是一项政治任务,各省、各学校也都非常重视。但是在仅仅半个月的时间里,保证 9 月 1 日秋季新生入学前人手一册教材,谈何容易!当时承担发行任务的高教社蓝色畅想图书发行公司的领导和员工秉承着高度的政治责任感,加班加点,经过艰苦努力,打了一场成功的"闪电战",终于把这 500 万册教材迅速在全国大江南北全面铺开,圆满实现了预定目标。当然,这与相关出版中心的大力支持,以及分布在全国各地的院校代表和发行公司销售商的努力是分不开的。他们早在5月份就先期启动营销推广工作,几乎调研了全国1100多所高等院校和1300多所高职院校,搜集信息,做宣传,给后期的发行工作打下了很好的基础。

另外,学林网公司依托全国扫黄打非办公室网站,成功研发短信防伪技术,首次用于这套教材。高教社打击盗版办公室积极配合,利用各种会议宣传此书,并在全国范围铺开一张大网,防止盗版书进入学校,也为这套教材顺利发行做出了自己的贡献。

思想政治理论课教材作为"马工程"首批重点教材,其出版发行工作的顺利、高质量完成,给出版界创造了一个奇迹,让不可能成为可能,为后续"马工程"专业课重点教材的出版发行探索出了一条成功的道路,积累了宝贵的经验。高教社的领导和全体员工不辱使命,以高度的政治责任感,强烈的出版使命感和崇高的敬业精神,高效地完成了任务。在这个过程中,我作为"一号工程"领导小组的组长,亲手抓好编、印、发各个环节是责任所在。在操作过程中,我提出审读软片清样这种非常规的举措,坚决把住了质量关。因而我要求以后的重点书出版也必须这么做。总而言之,这些做法是责任感和使命感使然。如果当时我不考虑这些也没有什么错,毕竟三审都完成了,而且主管副总编辑亲自督阵,我完全可以授权开机印刷。但是,事情好像是冥冥中注定了一样,就在第一本书上出现了这样的硬伤。如果当时不这么做,那造成的损失及其政治影响是不可估量的。

这是我一生从事出版工作当中刻骨铭心的一件事情。责任担当不是在口头上说说,而是碰到问题就必须得那么处理,而且要果断。现在想想也很后怕——这本教材要真是带着错误出去了,那我作为总编辑,就是渎职!

非常高兴的是,作为教材建设成果的代表,由高教社出版发行的"马克思主义理论研究和建设工程"重点教材已入选"伟大的变革——庆祝改革开放40周年大型展览",在"历史巨变"的1号展厅和2号展厅与广大观众见面,反响强烈。

全力推动"面向 21 世纪课程教材"出版发行

　　1992 年党的十四大召开以后不久，第四次全国高等教育工作会议召开，掀起新一轮高等教育改革的热潮。这次改革促进了高等教育教学思想和观念的转变，推进了高等学校人才培养模式的改革，实现了教学内容、课程体系、教学方法和手段的现代化。

　　到了 1994 年，原国家教委正式提出制订并实施"高等教育面向 21 世纪教学内容和课程体系改革计划"（以下简称"教改计划"）并在部分学科进行试点。接着，1995 年三四月份在北京举办了两次"高等教育面向 21 世纪教学内容和课程体系改革计划"报告会，这标志着"教改计划"全面启动实施。"教改计划"实施后，全国各高等学校有 23 000 多人申报了 3000 多个项目。经专家评审，221 个大项目、985 个子项目立项，共有 10 000 多名教师参与其中。"教改计划"的目标成果之一，是在世纪之交出版一批高水平、高质量的"面向 21 世纪课程教材"。

　　作为教学改革的预期目标，"面向 21 世纪课程教材"应运而生。其中一部分达到或接近世界水平，大部分是当时国内最高水平或较高水平的教材，出版后为许多高等学校使用，受到广大师生的欢迎。这对于 21 世纪以来我国高等教育教学质量的提高，发挥了强有力的推动作用，在新中国高等教育教材发展历史上具有里程碑意义。

1997年6月出席高教司在平谷金海湖教师疗养院召开的"教改计划"研讨会（从右至左：吴爱华，张大良，文和平，张增顺，陈祖福，钟秉林，李茂国，杨志坚，宋毅，王映赤）

抢抓选题机遇

"教改计划"先由时任高等教育司司长周远清提出"实施面向21世纪教学内容、课程体系和教学方法改革工程"的设想，后得到时任国家教委主任朱开轩的充分肯定和热情鼓励，被誉为"富有远见、意义重大"。朱开轩主任建议将"工程"改为"计划"，最后确定为"面向21世纪教学内容和课程体系改革计划"（以下简称"改革计划"）。为了启动"改革计划"，周远清司长找出版社筹措经费，曾找了某大学出版社，对方态度含糊，没有明确回音，后来才找到高教社。

于国华社长听周远清司长介绍项目的意义及实施方法后表示，教育改革最终应落实到教学改革，这是一个非常好的改革计划。周远清司长说，好是好，但是没有资金，不能启动。此刻，于国华社长敏锐地意识到，对以出版高等教育教材为主并且密切关注、积极参与教育教学改革的高教社,这是一个难得的机遇,必须抢抓。因此立即拍板决定,由高教社先提供100万元启动经费。以当时的条件,能够一下子拿出100万元支持这个教改项目,已经很不容易了。实际上,此后高教社为"面向21世纪课程教材"继续提供的经费支持,累计超过了1000万元。

通过资金支持,高教社便参加到全国100多所高校,10 000多名教师参与的"面向21世纪教学内容和课程体系改革计划"中。该计划最终形成两个成果:"改革计划报告"白皮书和"面向21世纪课程教材"。

后来,周远清副部长在回顾这段经历的时候,曾经动情地说:"高等教育出版社有远见。当时我们一分钱也没有,后来在高教社的支持下,我们把这项工作做起来了。"国家教委在《关于积极推进"高等教育面向21世纪教学内容和课程体系改革计划"实施工作的若干意见》中明确指出,"面向21世纪课程教材"主要由高等教育出版社承担出版任务。其原因就在于这段鲜为人知的"情缘"。

高教社在提供启动经费的同时,决定将出版"面向21世纪课程教材"作为社内的一项重点工程。有关学科选派编辑业务水平高、专业基础扎实的编辑人员,开始从参加"教改计划"的教师中认真遴选作者,并积极参与到作者承担的具体立项研究当中,与作者一起深入探讨、研究、拟订编写教材的内容、体系、框架。高教社抢抓"面向21世纪课程教材"的选题就缘于这样的背景。

加快出版进度

1997年6月,高教司在北京召开了"面向21世纪教学内容和课程体系改革经验交流会",标志着"教改计划"进入实质性阶段。1998年3月,时任教育部副部长周远清在"第一次全国普通高等学校教学工作会议"上明确指出,"教改计划"要取得的实质性成果之一,是到2002年编写出版1000本左右"面向21世纪课程教材",涵盖100个专业。1998年12月,周远清副部长在"全国高等学校教学研究会"成立大会上的讲话中明确宣布:"教改计划"已进入收获阶段,要求高教司、全国高等学校教学研究中心、高等教育出版社全力做好收获阶段的工作。

应该说,从周远清副部长到于国华社长,都非常关注"面向21世纪课程教材"的建设工作。但是客观地说,当时高教社的编辑们对这件事的认识却有一个过程,开始时推进的速度不太理想。

1996年,我除了原本的副社长之职外还兼副总编辑,主要协助社长负责编辑部的工作。1997年年底,有一次我和于国华社长出差到上海,记得住在莫干山酒店。一天晚上,于国华社长和我谈工作,询问"面向21世纪课程教材"怎么样了,感觉进展不大,希望我认真抓一下。看到于社长非常着急的神态,我也急在心里。在出差途中,我一路在想,怎么样才能够把大家出版"面向21世纪课程教材"的积极性调动起来。

话又说回来,当时为什么进展不够快呢?因为高教社的编辑们都习惯于五年一期的国家级教材规划,也就是"六五""七五""八五"这样的国家级教材规划。与"面向21世纪课程教材"同步的是"九五"国家级规划教材。尽管国家教委也曾发文强调"面向21世纪课程教材"的重要性,周远清同志也到处演讲宣传,但相对而言,大家对"九五"规划教材更为重视一些,认为那是国家级教材项目。但我清楚,出版"面向21世纪课程教材"毕竟是一项非常有前瞻意义的工作,是高等教育教材建设史上的一件大事。于国华社长又在周远清同志面前立了"军令状",无论如何得想办法加快进度。我最后下决心,首先要抓好编辑环节的选题组稿。

回到北京，于1998年6月4日到8日，我花了5天的时间到各有关编辑室了解情况，摸底后我就找蒋鉴、郑惠坚两位副总编辑一起来商量。当时在副总编辑当中，我请他们两位作为学科负责人。所有的理工科，不分出版中心，让蒋鉴来负责；所有的文科，都由郑惠坚来负责。我同他们两位商议这件事情，我说："现在大家都很重视'九五'，因为它是国家级的，在高教社内部考核当中有说法。而'面向21世纪课程教材'，我们投入那么大财力和精力，可是现在动作不大，怎么办？"郑惠坚说："老张啊，我看得在考核上下功夫！"

经过研究，我们提出一个行之有效的考核激励方案。在年终分配时，在总的考核奖金中，拿出一部分专项用于这件事。其实那时候奖金数量很少，一个品种只能拿出2000元，分三个环节奖励。第一个环节，抓选题，首先强调选题组稿质量"宁缺毋滥"，要做就做"拳头产品"。只要立了项，审核通过了，也就是说，《高等教育"面向21世纪课程教材"出版审核表》要盖上教育部高教司的章，再盖上高教社总编室的章。到年底凭盖有这两个章的审核表，每个品种奖励800元。第二个环节，抓发稿，选题审核通过后，激励编辑把稿子组上来，还要高质量按时编辑加工完毕，三审发稿交给后端排印生产。每一本书发稿，奖励800元。第三个环节，抓出书，希望编辑发稿以后持续关注到出书。样书出来，再奖励400元。

这种激励方式，虽然钱花得不多，又是在总的奖金盘子里面，但是效果比较明显。大家觉得很实际，年底考核操作简单，作为一个编辑，拿出几张审核表，乘以800元；再有几张发稿单，又乘以800元；见到几本样书，再乘以400元，很直观。这种方式很奏效，运作了两年，把大家的积极性都给调动起来了。到2000年5月，高教社正式出版的"面向21世纪课程教材"已达200多种，具备一定规模。

装帧设计与国际接轨

策划出版"面向 21 世纪课程教材"应该整体考虑,包括选题、审读加工、装帧设计、印制、宣传推广等多个环节。选题、审读加工两个环节有按学科分管的副总编辑蒋鉴、郑惠坚把关,有相当强的专业性,我介入不太多。

在后续几个环节,因为我在出版部工作过,对生产情况比其他社领导更为熟悉,所以我参与得比较多。对于"面向 21 世纪课程教材"的整体装帧设计,记得在 1998 年 11 月 17 日上午,我约黄元铭(总编办公室)、胡涛(出版部)、杨祥(理工部)、王宏凯(文科部)等同志一起商议,我强调开本要统一,风格要统一,一定要有不同于以往教材的设计。回想当时,确实做了一些深入思考,动员编辑人员与设计人员一道进行策划。

首先,开本要与国际接轨。国内通常用的是正度 16 开,用的纸张尺寸是 787mm×1092mm,成书尺寸是 185mm×260mm,这与国际常用的开本不一致;国际常用开本用的纸张尺寸是 787mm×960mm,成书尺寸是 170mm×226mm,有别于我们通常的 16 开,所以叫异形 16 开。经过对国内外教材和图书的反复研究、比较,感觉需要更加突出"面向 21 世纪课程教材"的时代性和引领性,与国内通常使用的开本要有明显的区别,因此最终选定了国际常用开本异形 16 开。

接下来,风格上也要统一。我和时任总编辑助理的杨祥、王宏凯一起琢磨,风格到底怎么定。后经我们商量,决定采用高教社教材以往的风格。高教社教材以往大部分是 20 世纪 50 年代的"黄皮书",什么图案都没有,就是黄书皮印上黑字:书名,作者名,高等教育出版社出版。很朴素,也很醒目,这是一种风格。后来出版的呢,单个设计都不错,但放在一起,有点儿乱。于是想，"面向21世纪课程教材"的风格要实现相对统一，除了开本以外，装帧设计要简单大方，要在颜色和底纹上做文章。后来就和美术设计师刘晓翔、王凌波商定："面向21世纪课程教材"是高教社第一次将不同学科、不同专业教材做统一封面设计的系列图书，涉及文科、理科、工科，生物学、医学、思想政治等不同学科和专业，种类多，差别大。所以在设计上采用统一格式加上色彩区分的方案，分别用棕色、蓝色、翠绿、草绿、土黄和红色六种颜色对应文科、理科、工科、生物、计算机和思想政治六类教材，以提高辨识度；文字图案全部居中、左右对称，体现经典和严谨的设计理念；总体采用抽象的肌理（类似树叶、麻布纹等）作为基础图案，扩大适应范围，图案都处理成和本色系一致的颜色，目的就是呈现系列书既有统一面貌又有个体差异的特点。

再有，印制也很重要。打造教材精品、创造教材品牌，内容和形式两个方面都要兼顾。当时确定的原则是专厂印刷、专用纸张、专用油墨。出版部胡涛非常重视，专门召开会议。经过比较，挑选了几家印刷厂作为定点印厂，遴选山东华泰纸业公司和山东高唐（现更名为全业）纸业公司生产的70克胶版纸作为专门用纸。为了确保印制质量，还要求印制人员和编辑人员到印刷厂现场监控，发现诸如墨色不均匀等问题时立即解决。印制完成后要对样书进行质量检查，确定合格后再进入发行环节。这样，就保证了"面向21世纪课程教材"的印制质量。

当初我们做这件事的时候，心中充满了憧憬："面向21世纪课程教材"这么大规模，以后要出到1000本。想想看，这1000本教材开本新颖，风格一致，文科的摆在这儿，理工科的摆在那儿，那将气势恢宏、壮观无比。后来的结果证明了这一点。每当看到这些成果，我内心都激动万分。设想，如果"面向21世纪课程教材"没有形成规模，设计不够统一，印制不够精美，肯定就没有那么大的影响力。后来，其他出版社借鉴高教社的这种设计理念，

"面向 21 世纪课程教材"

陆陆续续组织自己出版社的系列教材,也佐证了高教社出版的"面向 21 世纪课程教材"在业内的示范效应。

宣传推广大手笔

"面向 21 世纪课程教材"是组织国内最好的一批专家、学者花费了很大精力编写而成的,是汇集了众多参编者也包括高教社的编辑、设计、印制人员集体智慧的结晶。这样一批教材能否很好地推广使用,事关能否实现大范围提高教学质量的目的。

这么大的工程,仅靠高教社编辑自己宣传推广是不行的。时任总编辑助理的杨祥向于国华社长提议,理工科"面向 21 世纪课程教材"要在全国召开推介会。这个意见很好,后扩大到各学科。经过与高教司沟通协调,高教司 2000 年 3 月下发了教高司函〔2000〕37 号《关于举办"面向 21 世纪课程教材"系列研讨会的通知》,明确提出由高等教育司、全国高等学校教学研究中心和高等教育出版社主办 15 个研讨会。内容为:全面介绍"高等教育面向 21 世纪教学内容和课程体系改革计划"的成果及出版的教材;展示已出版的"面向 21 世纪课程教材"、国家重点教材及其他优秀教材、电子出版物;分学科或专业研讨制定"十五"高等学校教材建设规划的有关问题。

通知要求研讨会所在省市的高等学校都要派出代表积极参加会议。单个研讨会规模控制在 300 人以内，每次会议经费 3 万元，全部由高教社负责提供。

系列研讨会的第一次会议于 2000 年 4 月 22 日在南京大学举行。时任江苏省人大常委会副主任、全国高等学校教学研究会理事长、高教社顾问曲钦岳院士，省各高校教务处负责同志，各高校主要学科和专业负责教学的院、系教研室负责人及骨干教师近 500 人（因为首次，突破原定规模）参加了会议。高教社社长于国华，副社长杨松涛，社长助理苏雨恒、林梅，总编辑助理杨祥、王宏凯以及有关学科、专业编辑室主任、编辑、营销部门人员近 40 人参加了这次会议。全国高等学校教研中心教材研究室也有 3 位同志参加了会议。

上午召开大会，时任南京大学副校长徐世良、省教委副主任刘迪吉、教研中心常务副主任陈祖福、高教司副处长董锦岐和我分别发表讲话。杨祥介绍和汇报"高等教育面向 21 世纪教学内容和课程体系改革计划"的成果及已出版的教材。

下午，按学科和专业安排了 10 多个专门会议，结合制定"十五"高等学校教材建设规划，与会人员做了比较广泛、深入的研讨。

会议在江苏高校广大师生中产生了强烈的反响。教材展示现场，许多教材被与会者伏案抄录的感人场面令人难忘。

在总结首次会议情况的基础上，5 月 20 日，在华中理工大学召开了系列研讨会的第二次会议，湖北省教育厅领导、各有关高校的教务处负责人、各校有关学科与专业的骨干教师 400 多人参加了会议。

从第三次到第十四次研讨会，分别于 6 月 3 日在西安交通大学、6 月 17 日在上海交通大学、6 月 18 日在浙江大学、7 月 14 日在四川大学、9 月 16 日在山东大学、9 月 23 日在吉林大学、9 月 24 日在哈尔滨工业大学、10

月 21 日在中国科学技术大学、10 月 28 日在中山大学、11 月 4 日在中南工业大学、11 月 11 日在郑州大学、11 月 18 日在南昌大学举行。

　　这样，很短时间内在全国高校就形成大规模的宣传声势，把使用"面向21 世纪课程教材"的"火"给燃起来了。

"面向 21 世纪课程教材"巡展现场

　　与系列研讨会紧密配合，高教社提出了"千校万人"的宣传推广方案。全社编辑、营销等有关部门组织了精干的队伍，携带全部样书和宣传资料，分赴全国各地高校，现场展示"面向 21 世纪课程教材"，并由作者、编辑和使用者代表分别介绍教材编写、出版和使用情况。与此同时，还利用报纸、杂志等媒体和各种会议宣传、介绍"面向 21 世纪课程教材"。这些营销方式，取得了非常好的宣传推广效果，因而全国大批高校相继选用了"面向21 世纪课程教材"。

"面向 21 世纪课程教材"对高教社的历史贡献

据不完全统计,截至 2002 年,全国共有 38 家出版社共出版了"面向 21 世纪课程教材"930 种。高教社作为"教改计划"项目经费的主要支持者,承担了其中 636 种"面向 21 世纪课程教材"及全部近百种代表国家级水平的"教学改革研究报告"的出版任务,为"教改计划"的圆满完成提供了强有力的支持和保障。

"面向 21 世纪课程教材"在世纪之交高等教育深化教学改革、提高教学质量的历史进程中,发挥了重要作用。从高等教育教材发展进程来看,"面向 21 世纪课程教材"为制定"十五""十一五",一直到"十二五"国家级教材规划打下了很好的基础。许多"面向 21 世纪课程教材"经过不断修订完善,连续入选国家级教材规划。我深信,其中很多教材经过反复锤炼,将会继续保持旺盛的生命力。

"面向 21 世纪课程教材"作为一项出版工程,在高教社历史上留下深深的印记。高教社承担"面向 21 世纪课程教材"出版任务,在获得良好社会效益的同时,也收获了丰厚的经济效益。首先,出版"面向 21 世纪课程教材"无疑使高教社自身的地位和品位大为提升。其次,出版"面向 21 世纪课程教材"加强了高教社各学科板块的发展,特别是文科教材板块的发展。从 1985 年恢复文科教材出版以来,文科教材板块一直徘徊在专科教育、成人教育、卫星电视教育领域,通过"面向 21 世纪课程教材"的编辑出版,文科教材板块正式进入全日制高等教育的本科领域。与此同时,也为高教社积累了不少经典的品牌教材。如南京大学卢德馨教授主编的《大学物理学》,北京大学袁行霈教授主编的《中国文学史》,清华大学范钦珊教授主编的《工程力学》等。这一大批教材令人耳目一新,时至今日仍被高校广大师生奉为圭臬,成为教材建设史、出版史上的一段佳话。还有,出版"面向 21 世纪课程教材"也锻炼了高教社的编辑队伍。高教社编辑人员全程参与,将自身在编辑业务、图书出版以及对市场需求的了解等方面的优势,与作者在学科、专业教学、科学研究方面的优势有机地结合在一起,与作者共同探讨、研究教材的内容安排、编写体例、框架结构,力争教材在内容、体系上有所创新,在体现新的教学思想和理念的同时,确保教材的实用性和适用性。这在无形中提高了编辑的教学服务能力。

续曲:"高等教育百门精品课程教材建设计划"

"面向 21 世纪课程教材"是在立项研究的基础上进行教学改革实践和教材建设的产物。这些教材虽有严格的立项、出版审批程序,大部分达到很高水平。但由于学科、专业的不同,教师精力的投入、各校条件的差异等主客观因素,有些教材不大适合教学,有些教材虽然适合教学,但随着教改的深入和进展,其内容、体例需要不断修订完善。尤其是,受历史条件的限制,当时虽然提出了数字化配套,但主要的产品是课件,与教育技术日新月异的发展速度相比,还存在一定差距。

在这样的背景下,2002 年年底,在征得教育部主管领导同意后,高教社在新任社长刘志鹏的带领下,又投资 2000 余万元,面向全国高校启动了"高等教育百门精品课程教材建设计划"(以下简称"百门精品"),支持全国高校开展精品课程教材的立项研究和出版工作。"百门精品"设立严格的质量把关制度,专家组聘请时任中国高等教育学会会长周远清担任组长,40 多名成员均系国内各高校的著名学者。我协助刘志鹏社长参与了相关工作。

"百门精品"的定位是发掘能够和"面向 21 世纪课程教材"相媲美,并有所创新、有所发展的教材。从立项之初，就要求重点放在研发环节，按照立体化建设标准实施。立体化是立项成果的重要特征，也就是说，最后的成果都要以立体化的形式来体现，既要做到教材、教学参考书、学生指导书、习题集等横向配套，也要做到纸介质、录音带、录像带、电子出版物、课件、题库、互联网出版物等纵向配套，从而使"百门精品"真正能够包含本学科前沿研究成果，并以现代化的教学手段呈现出来。同时，项目提出要加快配套学科网站和教学资源库的开发进度。"百门精品"对加快高校课程体系和教学内容的现代化步伐，进一步转变教育理念、创新教育模式，起到了一定的推动作用。

　　"百门精品"项目的运作，专由"教学研究所"负责，分立项评审、落实检查、签署项目合同书、中期检查、成果验收等若干环节。"教学研究所"是简称，确切地说，应是"教材发展研究所"（1991 年成立），2006 年更名为"新世

"高等教育百门精品课程教材建设计划"新闻发布会（自右至左：张增顺、张岂之、刘志鹏、周远清、刘凤泰、王义道、于国华、郑惠坚）

纪教学研究所"。

从高教社历史发展的角度来说,"百门精品"是"面向 21 世纪课程教材"的延续和发展,它们彰显出一个共同的特点:作为使命和追求,高教社越来越深入到教学改革的第一线,通过支持高等学校教学改革引领教材出版潮流,并以此增强自身的核心竞争力。

无论是出版"面向 21 世纪课程教材""百门精品"等系列教材,还是后来作为"国家精品开放课程"项目组织实施单位,积极参与"国家精品在线开放课程"项目建设,等等,无不说明高教社愈加自觉地沿着实施精品战略、增强核心竞争力的轨迹在努力,在探索,在前行……这是包括我在内的几代"高教人"的共同选择。

《李岚清音乐笔谈》出版前后

　　全面推进素质教育，是党中央、国务院为适应 21 世纪现代化建设的要求，提高民族素质，培养创新人才做出的一项重大战略决策。中共中央政治局原常委、国务院副总理李岚清同志在主管全国教育工作期间，为推进这项重大决策的实施，付出了艰辛的劳动。李岚清同志大力倡导将美育纳入素质教育的范畴，并正式写入国家的教育方针，确立了美育在教育中的地位。李岚清同志不但是决策的实施者、推动者，还是一位身体力行的实践者。他在离开领导岗位以后，笔耕不辍，以自己深厚的音乐修养为基础，潜心写下了关于经典音乐的系列作品，希望借此推进艺术教育工作。李岚清同志的系列音乐著作全部由高教社出版。我有幸参与了系列著作中的第一部——《李岚清音乐笔谈》从选题策划到出版发行的全过程，留下了难忘的回忆。

接 受 任 务

　　2004 年 3 月 23 日，时任教育部副部长章新胜召集体卫艺司、国际司、基础司、高教社几家单位的负责同志开会，我和刘志鹏社长参加了会议。到会上才知道，原来是研究如何落实李岚清同志委托办理的一件事情。章新胜副部长说，李岚清同志从领导岗位上退下来以后，一直都在考虑为继续推进素质教育再尽一分力,多次想撰写一本关于欧洲经典音乐的普及读物。现在,这个想法提上了日程,需要相关部门协助落实。时任教育部部长周济接受了这项任务,交给章新胜副部长具体负责。

章新胜副部长还通报了李岚清同志关于这本书的初步设想。读者对象拟定大、中、小学的学生,同时也面向社会大众,比如干部培训等。同时特别强调,书稿在撰写和出版过程中要低调处理。虽然由教育部牵头,但它属于非官方行为,不作为教育部正式接受的工作任务。在以后的工作中,出版社与李岚清同志的关系,更多地体现为出版社与作者之间的关系,这也是对李岚清同志的尊重。

接着,章新胜副部长讲了具体工作安排。教育部拟组成工作小组,由章新胜副部长任组长,有关司局参加。高教社是其中之一,我和刘志鹏社长都是工作小组成员。为什么选择这些单位进入工作小组呢?高教社是出版部门,责无旁贷;体卫艺司主抓艺术教育,肯定要参加;李岚清同志这本书涉及的优秀音乐家都是在世界上产生深远影响的各国大师,很多史料考据工作需要借助驻外使馆的力量,这是国际司的工作领域;出版这本书的最终目的是要推动艺术教育,这不仅是体卫艺司的事,也是基础司的事。因为素质教育要从小学生就开始抓起,中小学是很大的一块,因此基础司也要加入进来。

工作小组的首要任务是拟订工作计划。因为第二天要向李岚清同志汇报,所以章新胜副部长头一天就开了这个会,既是通报情况,布置工作,也是请大家集思广益,研究、策划这项工作如何开展。刘志鹏社长和我都在会上围绕着如何做好编写、出版、发行等工作谈了自己的想法和建议,体卫艺司、国际司、基础司等部门的同志也都在会上发表了各自的意见。会议最后形成一致意见:为方便开展工作,以高教社和艺术教育指导委员会的名义进行运作。因为工作刚刚起步,所以当时是很粗线条地把各个单位召集在一起开会,讨论这件事。大家讨论以后,在章新胜副部长脑海中就逐步形成了如何开展工作的一些思路,可以向李岚清同志汇报了。

第二天,也就是 3 月 24 日上午,章新胜副部长带领工作小组有关同志到中南海李岚清同志办公室汇报工作,我和刘志鹏社长随同前往。章新胜副部长首先向李岚清同志汇报了教育部打算怎么配合整理撰写这本书,出版这本书,发行这本书,并且准备召开这本书的新闻发布会,组织一些艺术教育方面的专家座谈,等等。

听完章新胜副部长汇报之后,李岚清同志向我们这些到会的同志详细介绍了他的一些想法。这实际上是他还在领导岗位上的时候就开始萌生的愿望。作为一个有心人,为了推动素质教育,他一边工作一边着手准备,利用出访期间休息的机会,搜集并储备了大量素材,所以今天请大家来,主要是想让大家帮他一起出出主意。关于怎么写,他的想法是,要大家能够读得懂,而不是泛泛地介绍音乐家这些人物。比如说,按时代背景、音乐家生平、音乐作品等顺序比较全面地介绍,这是一种写法;或是先介绍音乐家基本情况,再选介经典音乐作品,最后鉴赏作品,这也是一种写法。但是,不管怎么写,一定要读者能够读得懂。特别是交响乐部分,李岚清同志说,大众一般觉得交响乐太过高雅,一定要写得接地气。

关于读者对象,他定位为现在的知识分子和未来的知识分子。未来的知识分子就是大中小学的学生,现在的知识分子是以运用知识为核心工作的脑力劳动者,如教师、科学工作者等。

关于书稿内容,李岚清同志强调一定要科学准确,言之有据。他认为,市面上现有的一些书的内容与史实不符,这非常不好,要还原历史的本来面貌。他称赞高教社是教育出版的"国家队""主力军",表示很高兴这本书安排在高教社出版,希望教育部和有关方面协助做好发行工作。

李岚清同志还谈到装帧设计等问题。关于装帧,他说,现在很多书精装、豪华装,很沉很重,也不方便打开阅读,这样肯定不行。另外,字号太大,占版面,书很厚,这样也不好。包括发行,怎么宣传,怎么推广,因为他分管过教育和新闻出版,对这块工作非常熟悉,所以也讲了一些具体意见。

这样,李岚清同志就把对这本书的思考和音乐普及读物的定位,从准备素材到动笔撰写,从出版工作到发行工作,都做了全面的表达,很具体,很内行。更让大家感动的是他关心素质教育的情怀。他不是简单地为写书而写书,而是想通过这样一种方式,给学校教育乃至全社会带来一种影响,为推进素质教育的普及营造更加有利的氛围。听了李岚清同志的介绍,大家对于这项任务的重要意义有了更为深刻的认识。

组 织 实 施

2004 年 3 月 25 日,也就是向李岚清同志汇报的第二天,社里正在昌平召开全社经营工作会议,又赶上社里出现春季教材供应断档,情况非常紧急。刘志鹏社长仍然见缝插针找到我商量:"老张,咱俩去开的那个会,我们该怎么弄啊?"我说:"请放心,今年逢高教社 50 周年社庆,我们一定借力,把这件事情做好。社里应该专门成立编辑小组,根据李岚清同志这本书的学科背景,编辑小组就放在文科。"当时苏雨恒是文科出版中心主任,我建议这件事社内就请苏雨恒负责具体工作,上面由我来协调。同时,因为这项工作具有非常强的专业性,是关于音乐的,文科出版中心设有艺术分社,所以决定把艺术分社两位音乐专业出身的编辑高洁和张夏菲也一并请来,共同落实这项工作。考虑到以后宣传工作要跟上,请市场部范水也参加这项工作。范水毕业于中央美术学院,专业背景是美术。在社经营工作会期间,刘志鹏社长在会上专门提到这件事情,明确表示将其作为社里的重点工作来安排,由我负责。

向李岚清同志(左一)汇报工作

　　李岚清同志听说高教社成立了专门的编辑小组,很高兴。很快,应李岚清同志邀请,我们于 4 月 1 日再次前往中南海李岚清同志办公室。这次是我带着苏雨恒、高洁、张夏菲和范水去的,实际上已经进入出版社和作者直接交流、启动实质性撰写工作的阶段了。

　　这次交流,因为是面向出版社编辑谈想法,李岚清同志讲得就更详细、更接地气了。他还谈到了做这本书的原因——国家发展,是要靠经济,靠科技,但是仅靠这两样还不行,还必须发挥文化的作用;作为美育重要组成部分的音乐教育,不仅能够陶冶情操,而且能够启发创意,有助于人们提高表达自我感受和解决问题的能力,完善自身文化修养,适应世界文化不断加强交流与合作的形势,为建设中国特色社会主义事业做出更大的贡献。他又提到,什么是社会主义先进文化? 就是既要继承和发展我国民族文化的优良传统,又要吸收其他民族一切先进文明成果,融合在一起,才是社会主义先进文化。在介绍欧洲经典音乐方面,他说,他看过不少这方面的出版物,在获益匪浅的同时,感到很多出版物比较专业,普通读者不易看懂,难以引起他们对欧洲经典音乐进一步了解的兴趣。因此,多年以前他就希望有朝一日作为一个非音乐专业背景的音乐爱好者,写一本这方面的书,以期更有利于广大普通读者对欧洲经典音乐加深理解。为此,他在多年分管文化教育工作的过程中,结合工作和个人兴趣,在学习这方面知识的同时,注意收集和积累资料,做了若干笔记。但因工作忙,无暇系统整理。在离开工作岗位并写完第一本书《李岚清教育访谈录》(人民教育出版社出版)以后,他终于尝试进行这项工作,撰写自己的音乐笔记了。

李岚清同志很谦虚,他说,他尽管喜欢音乐,又准备了这么多资料,但毕竟不是这个专业背景出身的。他希望编辑重点帮他做几件事:一是书稿中的音乐名词要请专家审定把关;二是书稿涉及的内容史料,需要进行考证;三是图片要进行筛选审定,特别强调要解决好版权问题。此外,关于出版方面,对出版社也提出了更为细致的要求。就这样,李岚清同志以作者的身份充分表达了自己的意见,讲得非常清楚。

这次交流以后,李岚清同志陆续将书稿交给出版社,编辑出版工作拟于2004年4月底启动。根据各方面情况综合考虑,出书时间拟定为9月初,在教师节之前出版。

按照这本书的版权页上所列示的职责,我是总监制。当然,作为总编辑,我理所当然也要全面负责,整体统筹协调,这是责任!因为从接稿到出书只有四个月,时间相当紧张,于是4月1日和李岚清同志交换过意见后,我就马不停蹄地安排各个环节的工作。

出版社工作包括编辑、出版、发行三大环节。编辑加工即内容方面,我交由苏雨恒带着高洁和张夏菲来做。因为有专业人员审读,我就不再多参与。李岚清同志和编辑小组的工作方式是流水作业:李岚清同志撰写一部分,编辑小组就加工一部分,同时请专家论证一部分。编辑小组在苏雨恒的带领下,对每一部分文字细细斟酌、修改、润色,对图片反复比较、精挑细选,对史料严格考证,邀请专家学者加盟把关,请专业人员绘制音乐家肖像,等等,做了大量细致的工作。

出版印制环节,因为我有这方面的经验,所以直接参与较多。首先是这本书的装帧设计谁来做? 我考虑这本书不属于教材,是社会读物。当时社里教材的设计任务很重,这又是一本重点书,担心不能兼顾,所以我就准备选一家社会装帧工作室来负责设计。经比较,最后选定河北教育出版社下设在北京的工作室,叫北京颂雅风文化艺术中心。他们的设计理念比较新颖,完全能够把李岚清同志的想法很好地体现出来。社里的出版工作联络由王琦、范水负责。

此外,关于纸张。李岚清同志要求这本书四色彩印,但不能太重,不能太贵。若要考虑成本,肯定不能选铜版纸,那样书会很贵,所以选用胶版纸;胶版纸也不能太重,所以最后选了轻型胶版纸,俗称蒙肯纸。由于李岚清同志在这本书的开本设计上有特殊要求, 采用的是 $800\text{mm} \times 1050\text{mm}$ 的 16 开, 宽度和长度整体上都比平常采用的 $787\text{mm} \times 1092\text{mm}$ 的 16 开要大一圈,因此,需要向纸厂定制生产,事不宜迟。蒙肯纸当时一般由国外生产,价格较贵,这又有一个成本问题。经过了解,发现国内也有几家生产过,其中一家质量和口碑都很不错,是山东龙口玉龙纸业有限公司。于是 4 月初,我带着时任印务部材料主管王昕夫专程驱车 1000 多公里前去考察。可他们说,确实做过这种纸,但现在已经不生产了。我详细地介绍了这项任务的重要意义和特殊需求,希望他们能够配合恢复生产。他们听说是李岚清同志的书,非常支持,表示技术和设备都没有问题,可以按照社里提出的要求"抄纸"(即生产纸张)。于是我当场拍板与纸厂签订了合同,纸张的事就这样定下来了。

再有,印刷厂也很关键,要选印刷质量较好的印刷厂。当时印制分成两部分,一部分是满足大众需求、印量较大的平装批量生产,用的是中国科学院印刷厂,另一部分用于内部发行、印量较小的精装书。最后我们选定的是佳信达印刷公司。

2004年7月20日，我们到北戴河又向李岚清同志做了一次汇报，详细介绍了编辑、出版、发行等工作进展情况。

随着时间的推移，出版各个环节逐渐汇集到一起。为了保证工作有序开展，我在社内召开了两次协调会。一次是8月9日，要求编辑、印制、总编室等相关部门参加，重点研究在装帧设计环节委托社外单位进行的情况下，社内各个方面怎么配合。另一次是8月24日晚上，在马甸办公楼九楼会议室，就社外装帧设计单位与社内印制部门密切配合的问题，又开了一次会。因为从设计角度而言，装帧设计单位设计的方案确实很精美，但是没有考虑印制单位以现有的印刷条件，特别是大规模批量生产时精度是否能达到设计要求。比如，原来的图片设计是不"出血"的，在印制过程中图片边缘与书的切口形成竖条，稍有不慎会出现歪斜，失误就会特别明显，这也是不可避免的。为了解决这个问题，晚上我把印厂的刘玉请到会场来商量解决办法。她解释说，如果都设计成这样，印刷时很难做到不偏不斜，完全一致。于是决定索性让图片"出血"。会议开到晚上10点多，负责联系印制和设计的王琦、范水又连夜赶到装帧设计公司，对版式设计进行改进，保留了一部分图片的原有设计，同时允许一部分图片"出血"。为了按计划于9月初把书印出来以赶上召开新闻发布会时用书，我们只能这样一环接一环、严丝合缝地开展工作。

宣 传 推 广

教育部一接受任务就开始考虑李岚清同志这本书的宣传推广问题。记得在2004年4月16日章新胜副部长组织召开的工作协调会上，除了部内的体卫艺司、国际司、基础司、高教社、教育电视台等单位之外，还邀请了时任新闻出版总署出版物发行管理司司长张福海、中央电视台文艺频道主任郎昆等。会议主要目的是协调部内部外，如何发挥作用，形成合力，共同把李岚清同志这本书的宣传推广工作落实好。比如新闻出版总署怎么推动，电视台怎么宣传，等等。大家纷纷表示要全力支持这项工作。在李岚清同志这本书正式出版之际，新闻出版总署出版物发行管理司于 2004 年 8 月 31 日下发了新出发管字〔2004〕51 号文《关于做好〈李岚清音乐笔谈〉一书发行工作的函》，教育部办公厅于 2004 年 9 月 15 日下发了教体艺厅函〔2004〕35 号文《关于将〈李岚清音乐笔谈〉一书列入"大学生文化素质教育书系"等推荐书目的通知》。

8 月 13 日、16 日，章新胜副部长又两次召开部内协调会。检查各部门落实情况，对即将召开的教育部新闻发布会和专家座谈会进行了安排，并结合 9 月 10 日教师节做出一系列部署。

9 月 3 日下午，教育部召开 2004 年第 28 次新闻发布会，主持人是王旭明，发布人是我，主要介绍《李岚清音乐笔谈》有关情况。

紧接着，9 月 8 日晚上，在北京大学礼堂举行《李岚清音乐笔谈》首发式。时任国务委员陈至立同志、教育部部长周济同志出席首发式并讲话。李岚清同志亲自签名售书，这样的场景形成了教师节前的一个节日气氛的高潮。

9 月 9 日上午，作为新书发布活动之一，教育部在北京大学又组织召开《李岚清音乐笔谈》出版座谈会。会议由原国家教委副主任、时任中国艺术教育促进会会长柳斌主持，傅庚辰、吴祖强、靳尚谊、杨叔子、叶朗、周荫昌、严宝瑜、张再兴、吴志攀、丁晓昌、刘彭芝、郭涵等著名专家学者和教育工作者在座谈会上发言。

新书发布活动之后，我们和李岚清同志一起策划，用讲座的形式宣传这本书。同时，动员全国的教育行政干部、大中小学的校长和广大教师，都能够在重视艺术教育方面形成共识。首场讲座在清华大学举行，之后是中国人民大学、武汉音乐学院……我们进行了一系列推广活动，对全国加强艺术教育工作起到了很好的推动作用。李岚清同志在这一过程中表现出的严谨务实、精益求精的作风，令我们深感钦佩。而其中的几个细节，更让我体会到了他细致周到、以诚相待的一面。

那是 2005 年 6 月 9 日，李岚清同志到河南去举办讲座。苏雨恒因为是代表社内编辑，需要陪同李岚清同志一起坐专机，以便途中与李岚清同志交流书稿内容。我和负责市场工作的马景泰因为有别的安排选择乘坐民航客机前往。当时心想，不坐同一趟飞机没关系，只要同时到达会场就行了。没想到的是，我们着陆的时候，专机也同时着陆。出于安全考虑，领导同志先行，一路绿灯直奔会场。我们来不及和李岚清同志打招呼，只能紧随其后奔向会场。当时开会地点在河南人民会堂，河南所有高校都派代表参加，有上万人的规模。李岚清同志知道我没有一同坐专机前往，但在讲座时，他看到我坐在会场下面，就想做个表示。于是他讲话时有意提到高教社，说高教社对这件事非常支持，并特意说："你们看高教社总编辑今天就到了会场！"我起身示谢，全场目光瞬间投向我。李岚清同志这一句话，让我受到莫大的鼓励，感受到无限的温暖。他看到我，本来可以选择不露声色。他之所以这样做，我明白他实际上是想通过这样一种方式，很自然地把高教社带出来，借机对高教社做一下宣传。这也说明，李岚清同志对高教社的工作非常满意。李岚清同志在高教社 40 周年和 50 周年社庆时都曾亲笔题词，还亲自为高教社大学美育系列图书撰写序言。他对高教社的关心和支持是一以贯之的。

还有一次，我记得是 2006 年 6 月 7 日，在李岚清同志办公室，他和我们一起研究发行工作。他说，书出来了，他也到各地举办了不少讲座，但发行效果还不够理想，他心里很不安。高教社投入了那么大的人力、物力和财力,他想帮助高教社做些力所能及的事,不能让高教社赔钱。他想了很多具体的办法,比如,可以把书后附的音乐欣赏光盘单独出版,可以利用电视、网络做立体宣传,可以借助音乐会、大学书店的力量,等等。这也让我们很受感动。

《李岚清音乐笔谈》出版后,李岚清同志笔耕不辍,接着又出版了《音乐·艺术·人生》《原来篆刻这么有趣》等系列著作。他还举办了讲座、篆刻艺术展等一系列宣传推广活动。因工作需要,也出于对李岚清同志的尊重,我作为总编辑,工作再忙,都要代表高教社出席这些活动并讲话致辞,包括2006年7月2日在新加坡出席 "李岚清著作发布暨篆刻展开幕式"、2007年9月5日在莫斯科出席"俄罗斯·中国年"举办的《李岚清篆刻艺术俄罗斯巡展作品集》首发式等活动。

2007年6月,苏雨恒被任命为副社长。之后,围绕李岚清同志著作出版的相关工作就由苏雨恒代表高教社承担起来。而我忙于其他工作,基本上就不再参与了。

在《李岚清音乐笔谈》编辑出版过程中,社编辑小组根据需要进行了相应的调整,组成项目组。开始是苏雨恒、高洁和张夏菲三个人,后来马俊华等同志加入进来。项目组运转了一年,到2005年4月,客观上需要给这项工作的推进建立一个合理的运行机制。苏雨恒兼任文科出版中心主任,不存在问题,但是对于高洁和张夏菲就不同了,她们二人专职做李岚清同志的书,她们所在的艺术分社原先分配的工作就无法兼顾。这就需要社里有个说法:年底考核怎么办,和艺术分社是什么关系。在苏雨恒的建议下,我就项目组与艺术分社之间的关系问题专门开了个会,明确艺术分社主要做教材和社会用书,项目组负责李岚清同志著作编辑工作,项目组由社里直接领导,从艺术分社脱离出来,单独考核。这样,就解除了工作人员的后顾之忧,使她们以及后来加入项目组的吴伟等人,可以全力投入李岚清同志著作的编辑工作。后来,经社务会同意,项目组演变成了现在的重点著作编辑室。现在想想,走这一步非常必要,为高教社和李岚清同志的长期合作打下了很好的基础。

发力职业教育，铸就半壁江山

高教社从 1954 年建社之初即开展职教教材的出版工作，从翻译苏联教材起步，到组织国内作者自编教材，逐步探索具有我国职业教育特色的教材出版。在二十世纪五六十年代，高教社出版的职教教材以普通中等专科学校教材为主。特别是在公共基础课程和技术基础课程教材领域，高教社是当时我国中专教材的主要出版机构。"文化大革命"结束后，中专教材建设随高等学校教材建设一同恢复。

自 1978 年至 1985 年，国家连续开展了两轮中专教材建设。国务院 1978 年 2 月 15 日批转的教育部《关于高等学校教材编审出版工作若干问题的暂行规定》中明确要求，中专教材编审出版工作原则上应按照该暂行规定进行。1981 年教育部发布《关于确定和实施中等专业学校通用教材五年规划的几点意见》，明确人民教育出版社（高教部分）负责工科类及工科通用的技术基础课教材的编辑出版。

1975 年年底入社后，我在物理编辑室也参与了中专教材的编辑工作。记得最初编辑加工的书稿中就有一套陕西咸阳机器制造学校（现陕西工业职业技术学院）编写的中专《物理》（上、下册）教材。后来参与中专教材编辑工作的还有杨芝馨（负责中专《数学》）、岳延陆（负责中专《化学》）、胡淑华（负责中专《电工》）、马盛明（负责中专《机械原理和机械零件》）、潘之信（负责中专《机械制图》）等。这些教材的出版，初步解决了当时中专教学的教材问题,对稳定教学秩序、保证教学质量发挥了积极的作用。

1983 年高教社正式恢复独立建制之后,各学科编辑室分别承担了相应学科的中专教材编写出版任务。为适应职业高中教育发展,恢复重建后的高等教育出版社于 1985 年年初建立了综合编辑室, 由其承担职业高中教材的编辑出版任务。1986 年 11 月,综合编辑室正式更名为职业教育编辑室,明确其业务以中等职业技术教育教材的编辑出版为主。1989 年 1 月,高教社管理体制改革,成立了与理科部、工科部、文科部并列的职教部。

"八五"期间,高教社职业教育教材出版进入一个新的发展时期。为紧紧抓住我国职业高中迅速发展的历史机遇,高教社不仅在传统中专教材出版领域持续出版一系列具有权威性、高水平的教育部中专规划教材,而且联合行业部委和地方教育部门,共同组织专家制订了全国职业高中电子电器、机械加工等 30 余个专业的教学计划及课程教学大纲,出版了一大批教材及配套教学用书,满足了职业高中学校的教学要求。

到了"九五"时期,随着职业教育教材,特别是职业高中教材的快速发展,高教社职高教材编辑力量不足、已出版的教材质量不稳定、作者资源不足等问题凸显。1998 年 6 月下旬,高教社全社中层以上干部在昌平(清华 200 号)开会,研讨高教社改革发展问题。在小组讨论会上,有人建议,把职高教材拆分到各学科编辑室,譬如把电类放到理、工编辑室编辑加工。这样既可以减少编辑人员编制,又可以保证书稿加工质量。针对这个问题,当时争论得很激烈。主要有两种意见:一种是把职教相关编辑加工业务拆分到各学科编辑室;另一种是把各学科编辑室(理、工、文、外语、体育等)所负责的相关中专教材与职高教材集中起来, 再加上未来的高职高专等教材,形成职教规模,体现职高教材是高教社教材出版的半壁江山,以便日后更好地发展。若采用前一种意见,意味着高教社负责出版职业高中相关教材的编辑部门没必要存在;若采用后一种意见,意味着必须下决心做改革、破常

1998年6月在昌平（清华200号）全社中层干部会议上留影（自左至右：刘燕、高志英、张增顺、苏雨恒、朱仁、郭思旭）

规。因涉及部门和人事，要做很细致、很艰苦的工作。

"明者因时而变，智者随事而制。"针对这两种意见，于国华社长慎重思考后提出，改革只能往前推，决不能往后退，不能拆分职教编辑室的业务。因此，这场风波后，职教编辑室保留编制，不仅没有被拆分，反而得到加强。具体说来有如下措施：

一是适应中等职业教育发展的需要，酝酿各学科编辑室的中专教材并入职教相关编辑室。社务会讨论时有人提出，具体实施也有很多实际问题：现有职教编辑力量不够，与学科编辑室配合采用什么方式（雇佣、代加工等）；职教的整体效益怎么核算；如何提高学科编辑室和职教编辑室两个部门编辑的积极性等。

二是调配编辑骨干。有针对性、有计划地从工科把电工编辑室楼世进、电子编辑室任庆陵等一些老编辑陆续调入职教相关编辑室，充实编辑骨干力量，提高书稿质量。

三是充实编辑力量。1998年下半年，高教社向社会公开招聘编辑人员。

为了加强中职编辑力量,第一批招聘人员绝大部分被优先安排在职教各编辑室,像席冬梅、陈红、薛尧、王江华、李新宇等都是第一批招聘的人员。

四是改善办公条件。随着职教人员增加,队伍壮大,迫切需要改善办公条件。社里决定租用成都市人民政府驻京办事处作为办公场所。1998年年底,职教各编辑室从沙滩高教楼搬出,迁至新址。此间,时任总编辑助理王军伟协助蒋鉴副总编辑负责职教各编辑室的工作。

到了1999年6月,中共中央、国务院召开第三次全国教育工作会议,明确指出要大力发展各级各类职业教育,拓宽人才成长的道路。这为职业教育教材建设提供了很好的发展空间。

6月21日,也就是全教会闭幕的第二天,高教社召开“八大助理”(社长助理和总编辑助理)参加社务扩大会。会上大家学习全教会精神,都纷纷表示,要抓住难得的发展机遇,向现代化、大型、综合性出版集团迈进。7月2日,在全社党员大会上,于国华社长对贯彻落实全教会精神,提出了要不断增强使命感、责任感和时代感,要拿出“绝招”“实招”的意见。

在这样的氛围下,7月6日下午,社务会专题研究了职业教育教材建设工作。作为落实全教会精神的举措之一,决定加强完善中等职业教育编辑部,责成我和蒋鉴副总编辑牵头,王军伟、杨祥两位分别协助职教和理工的总编辑助理,整合全社理工、文科、职教等相关业务,尽快完成全社职教(主要是中职)产品归属和人员调整。记得7月9日是周末,社领导在昌平开会,特地把王军伟和杨祥从社里请到会场商议此事。晚上,王军伟和杨祥彻夜未眠,思绪万千,他们矛盾、纠结的心情可以想象,但最终还是着眼于大局,积极配合社领导落实具体调整工作。第二天上午,我和蒋鉴副总编辑又同他俩一道研究确定了职教部门编制和人员调整方案,充实、调整、加强了中等职业教育编辑部,为迎接职业教育教材建设大发展做好了充分准备。

在调整过程中,为加强职教干部领导力量,社里还把时任社总编辑办公室主任的黄元铭和计算机室主任的鲍湧调至职教编辑部,分别任职教部办公室负责人和电工编辑室负责人。还把张华从人力资源部直接调到文化课编辑室任负责人。把孟方调到农林编辑室任负责人。原职教室的杨述先、禹天安、沈秀兰分别任机械、三产、财经室负责人。至此,六个编辑室负责人和一个办公室负责人全部到位。另外,把各学科编辑室的中专课程联络员调整到职教各编辑室,加上社外招聘及教育部公务员转岗来社,至1999年下半年,职教编辑部已有编辑近50名,其中副编审占一半以上。

在调整过程中,相关部门如理工部顾全大局,给予了大力支持。不仅有人力支援,而且工作上把中专课程组的联络工作无条件地由理工部转到职教部,还在考核指标上切分了占比很大的利润。

至此,于国华社长提出"发力职业教育,把职业教育打造成高教社教材出版的'半壁江山'"这一目标,已初步实现。

1999年8月初,教育部在包头召开了"全国中等职业教育教学改革工作会议",这是贯彻落实全教会精神的一次重要会议,启动了"面向21世纪职业教育课程改革和教材建设"工作。于国华社长和蒋鉴副总编辑参加了这次会议。

会后,8月12日,社内召开了有关编辑室主任和各中专课程组联络员会议,传达"包头会议"精神。8月19日又召开了社务会,组织领导班子成员学习包头会议文件,并研究有关问题。提出主动服务,不打折扣,投入1000万元的启动经费,全力配合职成司工作,完成中等职业教育教材出版任务。于社长在社务会上再次指出,要把中等职业教育教材出版工作放在高教社"半壁江山"的位置来考虑。9月9日,召开了全体编辑和全社科以上干部近300人参加的会议,邀请时任职成司副司长刘占山来报告中等职业教育改革与发展的情况。这一系列的会议都是为即将召开的高教社中等职业教育工作会议做准备。

　　9月10日，高教社在海淀颐泉宾馆召开了"中等职业教育工作会议"。这次会议意义重大，说它是高教社职业教育教材建设史上的一个里程碑也绝非言过其实。会上，教育部职成司司长黄尧，副司长刘占山、王继平，职教所副所长余祖光、刘京辉到会并讲了话。社领导于国华、刘燕、杨松涛、蒋鉴、郑惠坚、顾恩祥都出席了会议。大会由蒋鉴副总编辑主持，我受于国华社长委托，汇报了高教社加强中等职业教育教材建设的工作内容和举措，特别强调把中职教材出版工作放在高教社整体工作的十分重要的位置上，视为"半壁江山"。王军伟就下一步高教社职教工作做了部署和要求。会上宣布，教育部职成司、职教所、高等教育出版社三个单位正式成立"职业教育教学研究协作组"（以下简称"协作组"），三方就协作组主要工作、成员、活动内容等达成协议。刘占山、刘京辉和我分别代表三方在协议书上签字。协作组的成立，为高教社打造职业教育教材的"半壁江山"提供了有力的保证。

　　在此期间，高教社还作为协作组成员，参与了教育部中等职业学校德育课、文化课、专业基础课和82个重点建设专业教学指导方案及相关主干课程教学大纲的开发工作。2001年年初，教育部印发《中等职业教育国家规

在高等教育出版社中等职业教育工作会议上刘占山（前排中）、刘京辉（前排右）、张增顺（前排左）分别代表教育部职成司、职教所、高教社签署合作协议

划教材申报、立项及管理意见》，高教社出版的中职教材迈入了"国规教材"系列，承担了千种国家规划教材中 60%以上的出版任务，市场占有率居全国之首。

　　时至今日，高教社中职教材编辑队伍不断壮大，贾瑞武从中心主任晋升为高教社副总编辑；出版规模已超过 7 亿元码洋。再加上高职高专教材，高教社已成为我国规模最大、品种最全的职业教育教材出版基地，成为名副其实的职业教育教材出版的"国家队"和"主力军"。每当念及这样的成绩，我总会想到"九五"这段历史。这在职教发展史上虽是一段插曲，鲜为人知，但留下的记忆是永远的。

培育编辑出版"改革试验田"

　　"九五"期间,国家教委启动"面向 21 世纪教学内容和课程体系改革计划"。面对这样的教改形势,高教社一直在思考如何适应形势、谋得发展的问题。时任高教社社长于国华提出:高教社要走"内涵提高,外延扩大,质量效益和经济效益并重"的发展之路,并提出"要走出国门,必须先走出京门"和"要借船出海,外延扩大"的发展之路。前者意指要在京外建立编辑出版分支机构,上海综合编辑室就是其中之一,条件成熟时还要在高校比较集中的武汉、西安等地设立编辑出版分支机构;后者是指高教社要走出国门,在起始阶段,由于人生地不熟又无管理经验,可以"借船出海",与国际知名出版机构合作,学习他们的先进管理经验和运营模式,培养国际合作所需要的人才,打开国际合作出版的大门。

　　1996 年,社领导班子调整,我连任副社长,兼任副总编辑,协助于国华社长主管编辑工作。我理解他以上这些想法,这都是在思考如何深化高教社的改革,特别是在传统编辑工作模式下如何走出一条新路,以适应国内外出版改革的变化。其中,与德国施普林格出版公司(以下称"施方")的合作就是一种探索,就是借助外力,在高教社内划定的一块走向海外的编辑出版"改革试验田"。

开启与施普林格出版公司的合作

进入"九五"国家规划时期,施方一直在中国物色合作伙伴,意图开拓中国市场。施方代表陈小龙博士经时任国家教委副主任周远清介绍,找到高教社于国华社长。双方交谈后,经过大约一年时间的相互考察(施方副总裁本哈德·李卫里希多次到高教社考察,于国华社长于 1996 年 10 月到施方考察)、磋商、磨合和论证,双方于 1997 年 7 月 1 日签订战略合作协议,合作的帷幕正式拉开,为期 5 年的合作之路正式开启。合作也得到时任中共中央宣传部部长龚心瀚的大力支持。按照协议内容,为确保合作的顺利进行,双方明确了必须要做的几件事情:

第一,成立一个编辑室,叫 CHEP–Springer 合作小组(CHEP 即 China Higher Education Press),由高教社和德方代表共同领导。受于国华社长委托,高教社方具体由我来实施管理。合作小组设在高教社,双方共同投资(施方先期投入 5 万马克),使用高教社书号。

第二,合作小组开发数学、物理、计算机和生命科学的选题,出版范围是大学本科高年级和研究生用教材、教学参考书和学术著作。十分重要的是,通过合作这块编辑出版"改革试验田",高教社在某些方面突破了传统的教材出版领域,在学术著作出版方面有了新的尝试,这为日后高教社建立专门的学术出版板块提供了借鉴。

第三,合作小组成员全部实行聘任制。优先从高教社内部物色合适的人员调入合作小组工作。本着优中选优的原则,在全社范围物色理工科背景的年轻编辑,希望为合作的顺利进行打好基础。令人欣慰的是,在动员过程中,年轻同志十分认同社里勇于探索的精神,不计个人得失,心甘情愿地将自己的职业生涯与出版社发展大计紧密相连。最终,社里选派了时任生地体环编辑室副主任林金安担任合作小组的负责人,选调了生地体环编辑室的吴雪梅、计算机编辑室的翁咏梅、多媒体中心的赵天夫、数学编辑室的徐可担任学科编辑,分别负责生命科学、计算机、物理和数学学科的选题策划与编辑出版工作。为配合德方严格的财务制度要求,王亚亭和李晓荣先后担任合作小组的专职财务人员。后来还聘任杨再石为顾问。这些同事都有着良好的教育背景和工作经历,他们都很珍惜进入合作小组的工作机会。他们亲历了合作项目的全部过程,在历经数年的合作中潜心耕耘、不断成长。

作为编辑出版的"改革试验田",这是在用人制度上的突破,它为高教社 1998 年下半年实施的全员岗位聘任做了积极探索。

第四,制定合作小组工作制度。工作制度包括:选题论证时要有详细的选题论证报告;英文选题优先推荐给 Springer 德方总部,力争出版可以在世界范围内发行的海外版;根据德方的财务要求实现全面预算制,对每本书的成本进行细致测算,每月都要报告每本书的工作进展或销量,做到精细化管理;双方定期开例会,及时了解合作小组的经营情况;Springer 副总裁每年对合作小组成员进行一次培训;等等。合作小组这些常规工作制度,是编辑出版"改革试验田"的基本内容。从中,高教社学到了国外一些先进的管理经验。比如根据德方要求,合作小组利用 Excel 电子表格的自动汇总和计算功能,对每本书的生产成本做测算,对此后高教社研发 ERP 系统,实行预算制管理有积极的作用。

第五,确定合作小组的办公地点。当时高教社办公地点分散,分别在沙滩、马甸、2207 工厂、大兴等多地办公。合作小组先是挤在沙滩高教楼一间狭小的办公室,后搬到 2207 工厂。2207 工厂隶属原北京军区,地处甘家口,是当时社财务、出版和发行部门的办公地点。于国华社长没有把合作小组和其他编辑部门放在一起,客观上利于排除干扰,并且可以及时与后端生产发行部门沟通协作，大大方便了合作小组初创时期的工作。现在看来，这不是"歪打正着"，而是于国华社长支持小组工作的良苦用心所在。

合作过程中收获累累硕果

回顾这段合作历史，我认为有很多收获——实现了原定的目标，即学习国外先进的管理经验和运营模式，培养国际合作出版所需人才，打开国际合作出版大门。概括地说，有以下几点：

一是培养了编辑。合作小组的每位编辑经过这段时间的历练，业务能力有了明显提高，开阔了视野。在合作终止后，他们回到社里其他岗位继续发挥更大的作用。合作小组负责人林金安现已进入社领导班子，成为高教社的副总编辑，并被评为"全国新闻出版行业领军人才"，在社领导岗位继续为企业发展出谋划策；吴雪梅现已成为生命科学与医学出版事业部主任，曾获第五届全国优秀中青年（图书）编辑奖，并入选首届中国十大"优秀出版编辑"，她率领部门在新形态教材建设和数字课程出版方面不断创新开拓，取得了良好业绩；赵天夫现已在自然科学学术出版事业部担任副主任，他所负责的学术著作部门出版的图书获得第四届中国出版政府奖，为高教社争得了荣誉；徐可在理工出版事业部担任首席编辑，工作认真细致（当年我曾批示所有编辑学习他写的调研报告，这也是我担任总编辑时唯一的一次专门针对编辑调研报告所做的批示）；等等。虽然在合作小组的经历只是这些同志的一个工作阶段，但他们得到了很好的锻炼，从出版社人才储备、编辑培养来讲，这也是一个重要方面。

二是出版了一批好书。部分图书代表高教社首次获得国家级出版大奖；出版的英文著作首次推向海外，在世界范围内发行，大大提高了高教社的品牌影响力;部分图书现在依然为出版社的规模效益(码洋和册数)做贡献。这其中包括:沈珝琲、方德福编写的《真核基因表达调控》(修订版),获得第四届"国家图书奖"提名奖和 1999 年"全国优秀科技图书奖"暨"科技进步奖(科技著作)"一等奖;方精云主编的《全球生态学》,王绍民、赵道木编写的《矩阵光学》(英文版)获得新闻出版署第十届"全国优秀科技图书奖";卢德馨编写的《大学物理学》(英文版),赵南明、周海梦编写的《生物物理学》获得"全国普通高等学校优秀教材一等奖";李文林编写的《数学史教程》(后修订为《数学史概论》),成为高校数学史方面的经典教材之一,发行量达数十万册;等等。姜伯驹院士评价翻译出版的《数学的原理与实践》时曾说道:CHEP-Springer 小组出版了一些好书,给数学界吹来了一股清新的空气。

三是助推使用高教社龙标。龙标首次作为高教社标识较大范围用于图书出版。可从合作小组的编辑出版工作谈起。

1997 年 12 月,合作小组的第一本书《真核基因表达调控》(修订版)即将出版,在出版前编辑们碰到一个问题:按出版协议,Springer 出版社的马标需要出现在封面上,而如何体现高教社标识,成为一个必须解决的问题。当时,社里刚刚征集社标的设计方案,尚未确定最终方案。此时,由王喆设计的龙标(初始版)进入了大家的视野。"龙"作为中华民族的图腾、中国文化的象征,很适合作为企业的标识,而且龙标配马标正好体现龙马精神,可以很好地彼此呼应。经过社领导批准,合作小组在《真核基因表达调控》(修订版)上首次使用了这个图案,并稍做修改:一是改成形状为细长,以便与施方马标协调;二是把龙爪隐去。这个标识俗称"修订版"。果不其然,后来施方副总裁本哈特·李卫里希看到已出版图书上的这两个标识后,风趣地说:这真是中国的龙马精神!

说起龙标,还要多说几句。1994 年王国祥开始负责《教学与教材研究》

高教社标识(初始版)　　　高教社标识(修订版)　　　Springer 标识

杂志,一直想在封面放一个刊标,于是他找到王喆。王喆就把社征集社标尚未最终确定的龙标(初始版)推荐给了《教学与教材研究》,放在封面,并每期更改一种颜色。久而久之,大家接受了这一事实,并逐渐在图书封面使用龙标。直到后来出版"面向 21 世纪课程教材""马克思主义理论研究和建设工程"等重点教材,龙标自然地被引入封面设计内容,并在全社广泛使用起来。2001 年,新一届领导班子研究社标,社务会一致同意将修订版龙标作为社标,并提交有关部门注册登记。

最近几年,龙标又有了改进,它和邓体的"高等教育出版社"作为高教社的企业标识被广泛用于高教社的品牌和形象宣传。

高教社标识(改进版)

龙标作为高教社的企业标识用于期刊、图书出版和品牌形象宣传的这段历史,给我们留下了许多美好的回忆。

合作小组工作试运行近一年,1998 年 5 月 25 日,在沙滩办公楼 217 室,施方代表陈小龙博士探访了于国华社长,我在现场陪同。施方对合作小组近一年的工作给予肯定,对合作进展表示满意,同时,明确合作小组人员的聘任期与合作协议的有效期同步,提出对聘任人员使用奖惩制度,对业绩突出者给予奖励。施方还提议小组编辑出版的图书一定要参加国际图书

与陈小龙（中）、本哈德·李卫里希（右）在国际图书博览会上参观高教社展台

博览会，在施方和中方展台同时摆放参展。

2001 年，高教社还把邹学英派到施方办事处（东直门外亚洲大酒店）做秘书工作。

与施方合作的 5 年很快过去了，2002 年，高教社搬进马甸新的办公大楼，领导班子换届，事业发展步入新的阶段。新领导班子对与施方这次合作取得的成果给予了充分的肯定。最后因协议到期，自然终止了这次合作。

至此，"九五"期间高教社培育的编辑出版"改革试验田"告一段落。CHEP–Springer 合作小组全体同人努力工作，光荣完成了它的历史使命。

《新时期的旗帜》获首届"国家音像制品奖"

1997 年 9 月,党的十五大把邓小平理论写入党章,确立为党的指导思想,号召全党兴起学习马列主义、毛泽东思想和邓小平理论的新高潮。1998年 4 月 23 日,党中央研究通过了普通高校马克思主义理论课和思想品德课(简称"两课")课程设置新方案,强调要把邓小平理论作为"两课"教学的中心内容,完成邓小平理论"进教材,进课堂,进头脑"这一重大任务。

为了深入贯彻落实党中央的这一重大决定,使邓小平理论"三进"工作取得实效,1998 年 11 月,教育部社会科学研究与思想政治工作司和高等教育出版社决定共同策划、制作一部"邓小平理论教学片"。这部教学片从策划之日起,便凝聚集体智慧。教育部与高教社周密部署,精心架构,精雕细刻,前后用了整整一年时间,最终定名为"新时期的旗帜",于 1999 年 12 月正式出版,并在原新闻出版署组织的首届"国家音像制品奖"评比中获得最高奖项。2000 年 7 月,时任中共中央总书记江泽民为《新时期的旗帜》题写了片名。回忆起这激动人心的往事,那些为出片而奋战的日日夜夜便浮现在眼前,历历在目,鲜活如昨。

精编剧本,构思严谨

当时,"邓小平理论"是一门具有很强政治性、理论性、科学性和原则性的新课。理论本身贯通马克思主义哲学、政治经济学和科学社会主义等领域,涵盖经济、政治、科技、教育、民族、军事、外交、统一战线、党的建设等各个方面,内容丰富、博大精深。这门课程,对教材和授课教师的要求都很高。经过深入和广泛的调研后发现,当时开展"邓小平理论"教学确实面临很多具体的问题。一方面,市场上虽然有几部有关邓小平理论的电视录像片,但这些电视录像片的角度不够全面,内容不够完整,都不太适合教学的需要。另一方面,高校"两课"师资力量有限,尤其"邓小平理论"是一门新课,具有丰富教学经验、能够准确把握其基本观点、深入理解其精神实质、透彻教授其科学内涵的师资比较稀缺。而在校大学生都是 20 世纪 80 年代初出生的,对我国改革开放初期的历史背景不甚了解,这也为学习邓小平理论增加了难度。在这种情况下,为了切实落实党中央关于邓小平理论"三进"工作的指示,高校迫切需要一部科学、准确、权威、规范的教学片,这部教学片要充分运用现代化的教学手段,完全区别于传统的说教式教学,使大学生能够真正准确、全面地理解邓小平理论。高教社迎难而上,最终不辱使命。

1. 强强结合的顶层设计

由于该片意义重大,教育部领导自始至终都给予了强有力的支持和关怀,从方向上给予指导和把握。时任教育部部长陈至立亲自担任总监制,张天保副部长、党组成员陈文博同志任监制,时任教育部社科司司长顾海良、副司长靳诺担任总策划,社科司徐维凡处长、办公室万志建主任担任策划。这一坚强有力的领导班子为后续各项工作的顺利开展奠定了坚实的基础。

文字内容在教学片中占有十分重要的地位,为了保证文稿的准确性和规范性,顾海良司长和中国人民大学博士生导师秦宣担任总撰稿。由京、沪部分高校在邓小平理论教学和研究方面有较高造诣、观念新、思维活跃的十几位一流专家撰写文稿,他们分别是清华大学的刘书林教授、赵甲明教授,华东师范大学的陈锡喜教授、宋进教授,还有同济大学的顾钰民教授,复旦大学的钟家栋教授,中国人民大学的刘建军教授和郑吉伟教授,武汉大学的沈壮海教授等。秦宣教授统稿后,最后由顾海良司长定稿。

为了保证教学片具有较高的制作水准,特邀请中央电视台旗下的编导和制作人员专门成立了制作组:由谢圣华和张明亮担任总编导,张丽担任编导。高等教育出版社组成了由于国华社长担任制片人,我担任总策划,音像出版中心主任徐迎担任策划,钱煤军担任责任编辑的出版工作组来承担策划、审稿和出版工作。这个强强结合的团队在后续的教学片研发和制作工作中集思广益,群策群力,密切配合,为打造精品创造了必备的条件。

2. 科学严谨的内容设计

经过精心设计和反复讨论,最后确定本教学片的内容要体现以下五个特点:

第一,量身定做,切合实际教学需要。《新时期的旗帜》的基本定位是理论教学片,并非单纯的政治理论片,因此一定要切合教学需要,遵循教学规律。首先,要考虑课堂教学的实际课时。当时教育部规定“邓小平理论”这门课的授课时间是54学时,要求课堂教学占2/3,也就是36学时。而这36学时还包括老师授课和学生看片,显然,用于学生看片只有18学时。因此,将整个片子设计成18集,每一集45分钟,正好是一个学时的长度。而18集,也正好相当于一个学期的实际上课周数。

这18集是一个整体,每一集又相对独立,给教师很大的选择余地。有的内容,如果教师觉得观看教学片比讲课效果好,就可以放教学片,在观看完教学片之后组织学生课堂讨论和答疑;有的内容,如果教师觉得把观看教学片与课堂讲授结合起来效果更好,就可以边讲边观看教学片。这样做,既灵活又方便,十分实用。

课堂讲授与播放教学片结合起来还具有两个优点:一是可以克服课堂讲授时有的教师只讲自己的专长或只讲学生感兴趣的内容的弊端,从而避免教学中可能出现的"盲点";二是可以克服学生学习邓小平理论时只记住个别论断,而不从整体上把握邓小平理论科学体系和精神实质的弊端。

第二,依据权威文献,科学确定框架结构,保证理论体系的科学性和完整性。先是以党的十四大、十五大文件,中宣部编写的《邓小平同志建设有中国特色社会主义理论学习纲要》和教育部颁发的"邓小平理论概论"课教学基本要求为依据,以教育部统编教材《邓小平理论概论》为主线构建了整个片子的框架结构。在全片18集内容中,第一集、第二集主要讲解邓小平理论形成的历史条件、发展过程,以及邓小平理论的历史地位和指导意义,从第三集到第十八集,则分专题介绍邓小平理论的主要内容。

该教学片比较完整、系统地涵盖了邓小平理论的重要内容,在内容编排过程中,着重考虑两点:一是通过教学片全面展示邓小平理论的主要内容,让学生懂得邓小平理论已形成新的建设有中国特色社会主义理论的科学体系;二是每一集专题都相对集中地介绍了党的第三代领导集体对邓小平理论的运用和发展所取得的新成果,让学生懂得邓小平理论是一个开放的理论体系,是一个需要从各方面进一步丰富和发展的理论体系。

第三,引经据典,再现原声,确保观点表述的准确性和理论教学的权威性。"邓小平理论"是一门具有很强政治性、理论性、原则性、政策性的课程,制作这门课程的教学片,其基本内容的表述必须十分准确、规范。要求片中涉及的每一个观点,都查有出处、有依据,做到立论准确,论证严密,文字简洁,表述规范。

同时,教学片使用了大量珍贵的历史镜头和原声资料,展示了党中央三代领导集体的有关活动场面和讲话片段。这些珍贵的历史镜头和原声资料,声情并茂,具有强烈的可视性和感染力,给学生带来身临其境的强烈感受,能够加深学生对教学内容的理解。而那些珍贵的有声文献不仅给学生一种亲切感,更给学生一种神圣感,进一步增强了教学片的权威性。

第四,增加要点提示与专家点评,有效提升学生的学习效果。为了有效帮助学生深入理解和准确把握邓小平理论的精神实质,在每一集正片的开头都设计了"要点提示",旨在提示学生本片所要讲解的主要内容,以及需要学生重点掌握的主要论点,使学生有目的地看,带着问题去看。同时,为增加理论深度,帮助学生理解,教学片有13集安排了采访内容,请高校"邓小平理论"课的专家、教授对本片相关专题涉及的重要观点和难点问题进行点评,做出阐发和诠释。这样可以强化大学生对邓小平理论基本观点、精神实质的理解和把握,起到画龙点睛的作用。

第五,采用多媒体技术,努力增强教学片的表现力。为了区别于以往的政治理论片和传统的教学片,我们在制作过程中,力求充分利用新技术和新兴的多媒体表现手法,努力增强教学片的表现力、说服力和感染力。

该教学片有一个总片头,每一集都有一个小片头,这些片头都采用了当时最先进的三维动画设计。当时,三维动画的设计价格不菲,一分钟就是一万多元,但考虑到能增强实际的教学效果,决定不计成本全部采用三维动画设计。做好的片头视感新颖,色彩丰富,主题突出,具有强烈的时代气息。

为了使学生一目了然地感受到社会主义建设所取得的成就,除了必要的文字和声音表述以外,还采用大量的图表和动画来展示教学内容。如关于社会主义市场经济体制的基本框架,就是用一个完整的框架图来展示的。学生通过观看教学片就能基本掌握社会主义市场经济体制基本框架的内容。关于战后世界格局和时代主题的变化,用动画形式表现,十分形象生动。这些生动和直观的表现手法，使枯燥的数据变活了，使平面的解说变得更有说服力了，极大地丰富了教学片的表现形式，有效地激发了学生的学习兴趣，进而促进学习效果的有效提升，起到了单纯靠教师授课难以达到的效果。

3. 反复推敲锤炼，终得响亮片名

"新时期的旗帜"这个名字，大家都说它与内容相得益彰，于教学片是画龙点睛，响亮又好听。它是怎么来的呢？

大家在夙兴夜寐、加班加点地构思和打磨内容的时候，想得最多的是，如何通过这18集教学片，充实、完整而又科学地体现邓小平理论的基本内容和精神实质，让学生看得懂，学得会。因此，在未正式命名之前，它一直叫"邓小平理论教学片"或者就叫"邓小平理论"。随着对内容越来越深刻的理解，在后续的编制过程中，我们逐渐体会到，教学片的片名应该有高度，不能太直白，而且一定要反映走进新时代等重要元素，于是，这根弦就一遍遍地在大家的脑海中不断弹响。大家经常是一边编着内容，一边在脑子里琢磨片名，但始终未能把名字定下来。

记得那次，大家在中国人民大学加班研讨，内容之一就是确定片名。教授们在讨论着，提出的片名怎么也不满意。天已经很晚了，还下着小雨，大家又冷又饿，有人提议先去吃饭，让大家紧绷的大脑休息一下。我赞同大家的意见，便带领大家来到中国人民大学西门附近一间小饭馆。吃饭时我有意让大家喝了点儿酒，大家边吃边聊，对近期的工作进展，对教学片的内容各抒己见。几杯酒下肚之后，大家身体也暖和了，兴致上涌。看到大家如此兴奋，我说，每个人都要为教学片取一个名字。大家便开始文思泉涌。有人说，叫"走进新时代"；有人说，叫"光辉的旗帜"；等等。最后，清华大学的刘书林教授说，干脆，就叫"新时期的旗帜"吧。大家一致赞同。响亮的名字就这样确定下来了。

精心制作，一丝不苟

为了打造精品，经过多方考察和细致调研，高教社最终选定中央电视台旗下的北京中视全线影视策划中心来承担邓小平理论教学片《新时期的旗帜》的制作任务。这家公司的制作水准和录制设备在当时都是数一数二的。在同他们合作的过程中，留下了很多有滋有味的故事。

1. 后期制作"大手笔"

专家撰写的文稿内容扎实、知识点多，对理论层面的升华需要精准掌握。为了能够在声画方面体现到位，制作人员拿到稿子后，制片编导都要认真地开几次会议，一方面"吃透"稿件，一方面勾画出制作重点，并与负责影像资料的部门和同事反复沟通，查找收集资料。这个过程费时费力。而每开一次会，编导就会在稿件上做一次笔记，注明各种注意事项。由于笔记勾画的部分太多，编导只好用彩笔来区分。最后稿子被标注得像一幅彩色图画，一度引来办公室其他同事的啧啧赞叹："大制作就是大制作。"

随着制作集数的不断增多，影像资料的查找收集量越来越大，资料带已经码满好多箱，要求资料员一边整理查找一边重新做场记。因为资料带太多，还有制作上的特殊原因，摄制组专门承包了一个后期编辑机房。这在当时在技术上还是线性编辑的时代是相当奢侈的一件事儿。以至于编导每次进机房签字时，负责机房管理的大姐都会开玩笑说："我们的大手笔又开始干活儿了！"

每一集制作都是一个艰苦的过程。为了便于思考和集中精力，除了总编导有时参加初审以及资料员偶尔辅助外，编导都会把自己一个人留在机房里埋头工作好多天。大大长长的操作台上只能听到机器编辑发出的吱吱声和资料带送进退出的咔嗒声。一把转椅周围被一箱箱的资料带包围着,方便编导能随手拿到自己需要的资料带,就这样迎来朝阳送走晚霞。每完成一页稿子,编导就会无比兴奋,文字一点点变成影像,更鲜活、更感人。

2. 总撰稿跨界电视行业

《新时期的旗帜》是系列专题片,这类专题片的特殊性,要求撰稿人、编导和责任编辑三方必须通力合作,共同创作。通常,制作人员每做完六七集就要完成一次大包工作。大包指的是对每一集片子上字幕、做特效、完成精准的合成(音乐部分在小包阶段就已做完)。一次合成六七集就意味着编导要在大包机房一口气奋战两天一夜,这还是比较顺利的情况。因为字幕不能出差错,总撰稿秦宣必须逐字逐行地盯着屏幕,责任编辑钱煤军也得自始至终跟着。总编导张明亮给大家安排好盒饭饮料,加上编导共 4 个人,连续近 50 个小时不能合眼,实在困得不行,就在机房的沙发上随便靠一靠。片子包到最后,并不是电视人的秦宣教授也懂得了很多电视节目制作上的专业术语,竟然可以娴熟地指挥后期人员"黑起黑落、音乐渐起",以至于编导张丽总是开玩笑说自己可以"下岗"去睡觉了。总编导张明亮也因此热情邀请秦宣教授今后多跨界电视行业。

3. 拍摄趣事一二

制片人员外出拍摄采访,起早贪黑,有时日行千里,到了目的地,还得支起摄像机马上开工,一干就是一天一夜。虽然辛苦,但大家苦中作乐,趣事多多,难以忘却。

给人印象最深的是去韩村河的那次实地采访,虽然过去多年,大家仍然津津乐道。情况是这样的:摄制组第二天要去韩村河拍摄那里"今非昔比的改革新面貌",编导张丽受总编导张明亮委托邀请总撰稿秦宣、责任编辑钱煤军一同前往。张丽非常兴奋,电话里绘声绘色地跟大家说:"做好准备,咱们明天一早出发,那儿是一个有河的村子,肯定美极了!"大家听了兴奋异常。第二天到了现场一看,美是美啊,但哪有什么河呢? 张丽委屈地东张西望:"既然没有河,怎么叫韩村河?!"大家被张丽的表情乐坏了。

还有一件事也是非常难忘,那是一次摄制组奔赴上海去采访上海交通大学、同济大学的几位教授。那时候还没有高铁,坐卧铺夕发朝至。在火车上,秦宣和钱煤军等从包里拿出各种好吃的。大家一边品着美味,一边欣赏窗外的夜色,幽默的秦宣一路讲着笑话……出差竟然比旅行还让人感觉美好。到了上海,几个接受采访的教授热情邀请摄制人员到家里做客。教授的夫人为大家准备好满桌的上海特色菜时,大家都欢快地小酌几杯,聊聊正在制作的"邓小平理论"和心得体会。彼此之间没有记者编导和被采访者的鸿沟,而更像是气氛融洽的老朋友聚会,以至于很多年过去,赴沪同志想起那次温暖的上海之行依然兴奋。

精细审片,精益求精

在整个出版过程中,高教社将"精品意识"贯穿始终,按照预定的流程,对每一个环节都严格把关,保证质量。出版社对理论教学片的审查,实际是分两个层次来进行的。

第一个层面是对文字稿本的审查。该片的文字稿本由专家写出初稿后,先后经过五次集体讨论,多人反复修改,最终由总撰稿定稿。

第二个层面是对教学片的审查。根据教学片的制作特点制定了一套操作流程:每一集先做样片,做样片时先粗编,大家讨论修改后做出一个模板。之后,再精编,再审查,再修改,直到通过。具体说来:

每集样片粗编完成后,首先要请撰稿专家审查。撰稿专家审查这个片子是否准确和完整地体现了他的编撰意图。如果撰稿专家说这个粗编的样

在《新时期的旗帜》审片会上（自右至左：秦宣、顾海良、张增顺、靳诺、刘书林、刘贵芹等）

片没有体现出编写意图，素材的内容选择不当，那么编导就要考虑，电视台资料库里有没有所需要的素材。如果有，赶快更换；如果没有，这个片子就要完全被否定掉，需要重新编制。如此一来，样片在不断的粗剪和修改过程中，编导与撰稿专家不断地磨合，直到粗编使用的画面不出现偏差，能够准确和完整地表达撰稿的意图。

到了后期精编时，撰稿专家与编导、责任编辑均到场，共同进行画面处理。编导与撰稿专家随时沟通，出现偏差问题马上着手解决。在这个过程中，出版社的音像编辑则主要负责从技术规格和技术要求（比如音视频格式、参数以及字幕、用字的规范）等方面把关，以确保字幕准确，技术手段运用合理，符合出版要求。

每集样片经过精编后，教育部社政司再组织专家审查。遇到不恰当的问题，还需要修改和调整。待所有的片子完成后，还要请部分一线授课教师和专家审查，并根据他们的意见，进行完善。

为什么要设置这么多环节呢？因为专家撰稿形成的是文字稿本，制作单位将文字稿本变成画面和声音，双方需要磨合，达到一个默契度，形成一个定式，这样往下进行的时候才顺畅。

在精心打磨教学片的过程中，时任教育部部长陈至立和副部长张天保给予了高度重视和大力支持。1999年5月，片子制作完成了，陈至立部长于5月26日抽出宝贵的时间亲自审看样片，8月，又拿出一整天的时间对全部教学片进行通审，还与摄制人员共进午餐并拍照。看过片子，陈部长予以充分肯定，欣然作序，并说这部教学片是运用现代教学手段进行"两课"教学方法改革的成功尝试。

陈至立（左二）、张天保（左一）、顾海良（左三）、靳诺（右一）等人在审片

那段时间，编片子、审片子，一干就是几天几夜连轴转。专家既负责撰稿，又要作为审片人员参加审查，特别是有的高校老师还肩负着正常的教学任务，时间上更为紧张，工作干到凌晨两三点钟是家常便饭。然而，大家都毫无怨言，戏称"我们在一起度过了许许多多个不眠之夜"。

有一次在昌平九华山庄审片，因为大家白天都很忙，没有时间，只能要求审片人员下班后，从各自单位到达指定地点集体办公。到达九华山庄就差不多晚上七八点钟了，大家简单地吃几口饭就马上投入紧张的工作中。大家都非常敬业，非常投入，废寝忘食是常态。那次大家一直干到了凌晨4点。之后大家本应休息一下，可清华大学的刘老师对我说："老张，我还有课呢，我得赶快回去。"正好这天我也有会，于是，我们两个就只好提前离开了。进城后，我把他送到清华大学，然后自己再往单位赶，只在车上打了盹，就到开会时间了。其他的审片同志也只是稍事休息，吃完早饭就离开了。开会的地方后院有个游泳池，条件也不错，但我们当时竟未发现。因为大家都是头天晚上去的，只顾着加夜班，直到第二天早上离开时才发现，真是无缘享受啊。

精品出版，荣获盛誉

经过三百多个不舍昼夜的艰苦奋战，邓小平理论教学片《新时期的旗帜》终于在1999年12月正式出版。它生动地再现了邓小平光辉而伟大的一生，展示了邓小平的人格魅力和邓小平为创立建设中国特色社会主义理论做出的历史性贡献；再现了邓小平理论和邓小平理论中的若干观点形成的历史渊源、历史背景，并结合中国改革开放和社会主义现代化建设的实践，展示了邓小平理论的形成和发展过程，展示了我国在邓小平理论指导下制定的各项方针政策的实施。

《新时期的旗帜》这部教学片从选题的确定到制作人员的组成，从课程体系框架的构建到解说词的起草、定稿，从电视画面的选择到动画、字幕的制作，高标准严要求，始终贯穿"精品意识"，最终荣获盛誉，为高教社的音像出版工作增添了一道亮丽的色彩。这部精品的推出，是一流策划、一流专家、一流制作、一流编审环环精雕、步步细作的结果。教学片正式出版后,高教社音像出版中心很快组成由张丽娟等人参加的营销团队,面向学校,服务学校,真正落实邓小平理论"进教材、进课堂、进头脑"。

经中宣部批准,原新闻出版署设立"国家音像制品奖"。这是全国音像制品的政府奖,在首届评选中,邓小平理论教学片《新时期的旗帜》获得这一国家音像制品最高奖项。

让人高兴的是,2000年7月,中央召开思想政治工作会议,时任中共中央总书记江泽民为邓小平理论教学片《新时期的旗帜》亲笔题写了片名。

"中国大学生在线"从沪迁京小记

　　由教育部主导并推动,旨在为中国大学生服务的公益性门户网站——"中国大学生在线",始于2004年由上海交通大学负责筹建及维护运营。网站办公地点及服务器均设在上海交通大学。网站运营了三年,到2007年,随着运营成本的增加,上海交通大学面临经费紧张和人员不足的实际困难,于是向教育部递交了一份报告,希望部里帮助解决面临的这些问题,或者考虑安排其他单位接手网站。教育部考虑到"中国大学生在线"在服务大学生的方方面面发挥的重要作用,以及高校思想政治工作的严肃性,斟酌再三,初步拟定把"中国大学生在线"交给高教社维护运营。

　　随后,教育部思政司领导找到时任高等教育出版社社长刘志鹏,希望高教社来承办"中国大学生在线"。刘志鹏社长找我沟通,我们形成一致意见,必须承接这个任务。理由有二:从宏观上讲,高教社提倡要"植根教育",承办"中国大学生在线"就是要为我国高等教育事业服务,承担教育部的重点工作是高教社义不容辞的责任;从微观上讲,承办"中国大学生在线"是高教社拓展互联网业务的大好机遇。实践证明,"中国大学生在线"确实为高教社数字出版业务增添了丰富色彩,成为数字出版很重要的组成部分。

　　紧接着,高教社明确向教育部表态,愿意承担"中国大学生在线"的运营工作。从2007年6月起,教育部思政司、高教社先后三次派人赴上海调研接洽,研讨具体的网站交接方案。2007年10月22日,教育部思政司、高教社和上海交通大学三方正式签署了《中国大学生在线网站交接工作规范》,具体规范了交接内容和交接工作时间,要求截至 2008 年 2 月底全面完成网站的交接工作。

承 接 网 站

根据教育部思政司和高教社的安排,我牵头负责承接工作。考虑到“中国大学生在线”的互联网工作属性,涉及内容和技术两大部分,二者同等重要,在请示刘志鹏社长后,我决定由社政出版中心和北京盛世畅想教育科技有限公司(高教社全资子公司)共同承担网站的运营工作。社政出版中心主要负责内容编辑,盛世畅想公司承担技术运营维护。社政出版中心主任马雷和盛世畅想总经理王宏宇都很支持这项工作,表示会全力以赴做好承接工作。

2007 年 10 月 21 日,马雷和王宏宇,还有居峰、韩冰、刘星等人一起赴上海交通大学做承接前的准备工作,对包括人员的安排、外围工作关系的接洽、设备和系统的转移等都做了周密安排。

从 2007 年 11 月开始,高教社按照《中国大学生在线网站交接工作规范》的约定,陆续接收了上海交通大学提供的“网站”内容和活动文档、技术方面的相关文档。在交接过程中,上海交通大学派专人到北京,将网站的数据和文件备份转移到高教社的服务器中,为网站新址的正式上线做好了技术上的准备。

在整个交接工作中, 最需要解决的是技术上的瓶颈。针对这个问题,2007 年 12 月,高教社与上海交通大学开始进行网站内容的同步维护工作。上海交通大学技术人员和高教社技术部门一起就“中国大学生在线 CM–

Sware 系统"对工作人员进行了培训。接着,2008 年 1 月,高教社技术部门对有关编辑人员又进行了内容编辑和网页制作的培训。在交接期间,针对一些使用中的具体问题,上海交通大学和高教社双方还多次召开视频工作会议进行沟通,及时协商解决。经过双方技术人员努力,上海交通大学的网站系统先转移到高教社德外大街 4 号办公区的 15 层机房。随着高教社办公区的调整,又搬至富盛大厦 25 层机房的 3 台服务器上。至此,"中国大学生在线"网站后台系统如期正式由上海交通大学切换到高教社。

上海交通大学考虑得很周到,专门把于朝阳同志借调到高教社工作一年,协助完成网站交接的后续工作。

可以说,在教育部思政司的关心和指导下,在高教社和上海交通大学双方的共同努力下,"中国大学生在线"没有因为变更运营方而影响网站工作,网站整体交接工作如期完成并正常运转。网站整体转移,标志着"中国大学生在线"进入了一个新的发展阶段。教育部思政司的高度重视和信任支持,上海交通大学提供的建设基础和宝贵的管理经验,为网站未来的进一步发展奠定了良好的基础。

新版网站亮相

高教社刚承接"中国大学生在线"时,网站承办的"百佳网站"和摄影大赛评选活动等,用的还是原来上海交通大学用的平台,需要技术人员日夜看护以保证正常运行。随着网站运行压力增大,迫切需要在品牌设计和集群架构上重新调整。为了突出品牌设计感,2007 年年底,高教社专门委托奥美公司对网站的品牌架构进行设计,以期更符合大学生的审美要求,更体现"中国大学生在线"的风格。在技术架构上,由北京盛世畅想教育科技有限公司和中国软件股份有限公司共同进行优化,力求全新优化后的系统更安全、稳定、可靠,用户体验更好,能承载更多的用户访问。

经过数月的努力, 2008 年 3 月 1 日,新版网站正式亮相。为确保新版网站正常运转,高教社给予了足够的人力、物力、财力保障。改版之后,"中国大学生在线"有了统一的网站风格,定位更加清晰——就是为中国大学生服务,成为展示中国大学生风采,服务中国大学生成才成长,提升中国大学生综合素质,满足中国大学生网络学习和思想疏导需求的新平台。

教育部对这项工作很重视,专门成立了"中国大学生在线"工作领导小组,时任教育部副部长李卫红担任组长,时任思政司司长杨振斌担任副组长。经"中国大学生在线"工作领导小组同意,由我担任"中国大学生在线"理事会理事长,同时,在高教社内设立"中国大学生在线发展中心"。至此,形成了"中国大学生在线"网站的"领导小组—理事会—发展中心"三级管理架构。

2007 年 12 月 10 日,"中国大学生在线"理事会全体大会在北京康铭大厦召开。大会邀请理事和共建高校的代表 200 多人参加。李卫红副部长、杨振斌司长到会并发表讲话。会上,我当选为新一届理事长,上海交通大学潘敏副书记当选为常务副理事长。我在会上做了工作报告,介绍了"中国大学生在线"的基本情况,并详细汇报了高教社承接"中国大学生在线"后所做的一些工作,明确提出要充分发挥网络的宣传、凝聚、教育、引导作用,把"中国大学生在线"办成融思想性、教育性、艺术性、现代性于一体,贴近生活、贴近学生、贴近实际的一流公益性网站。同时,明确全国高校共建共享的原则是"共创、共建、共管、共用、共享"。可以建立不同类型的合作机制,建立目标明确、责任清晰、利益共享的工作模式,如:栏目共建、信息交互、活动联办、服务共享等。当时会场的气氛很热烈,共建高校踊跃参与。时至今日,那次会议很多激动人心的精彩画面还时常在我的脑海中闪现。

2008 年年初,"中国大学生在线"确定在富盛大厦 9 楼办公,并正式设立了"中国大学生在线发展中心"。人员也基本到位,由社政出版中心和盛世畅想公司有关人员共同组成。高教社副总编辑阎志坚兼任发展中心主任,马雷、王宏宇兼任发展中心副主任。中心内部设了编辑部、策划部、运营部和技术部四个部门。前两个部门分别由社政出版中心李鸣和朗文负责,后两个部门分别由盛世畅想公司韩冰和徐峰负责。2008 年 6 月 3 日,时任教育部副部长李卫红为网站新址揭牌并视察了网站。

随着工作的不断推进,根据教育部对"中国大学生在线"的"专职、专业、专门"的要求,2010 年,"中国大学生在线"正式成为高教社一个独立建制的部门,原信息中心主任于勇调至"中国大学生在线"担任主任。2013 年,原高职事业部主任王卫权接任"中国大学生在线"主任,2018 年,王卫权晋升为高教社副社长,仍兼任"中国大学生在线"主任。

我作为"中国大学生在线"最初的管理者和工作亲历者,每当听到关于"中国大学生在线"的工作成绩和业务发展,心里都会泛起喜悦之情。特别是了解到网站到 2017 年年底注册用户已经达到 607 万人,拥有 538 所校园网络通信站,覆盖全国 2105 所高校,成为国内最大的面向大学生开展思政工作的主题教育网站时,内心由衷地感到高兴。我衷心地祝愿"中国大学生在线"越办越好!

初创教师网络培训

　　教育部全国高校教师网络培训中心（以下简称"中心"）是教育部办公厅批准设立的高校教师培训机构，业务上接受教育部高等教育司和人事司的直接领导，行政上由高等教育出版社管理。中心主要利用数字化和网络化技术，通过遍布全国各省市的全国高校教师网络培训省级分中心和城市分中心，开展教师培训工作。中心成立以来，以新颖的培训模式、丰富的培训内容和务实的工作作风，为推动高校教师专业发展，服务高校教师终身学习，促进高等教育质量的提高做出了积极贡献，也为高等教育出版社服务教育教学的品牌形象注入了新内涵。

起　　因

　　2007 年，教育部高教司与高教社的合作进入一个新阶段。春节之前，2007 年 1 月，按照惯例，高教社邀请教育部有关司局负责同志到社做工作指导，介绍新一年各司局重点工作。其中，高教司张尧学司长在工作报告中提及高教司 2007 年的工作要点，其中有一项重点工作是"建立基于计算机网络的师资培训新体系"，具体说，就是要充分利用信息化和网络化技术建立国家师资网络培训中心，创新高校教师培训模式。张尧学司长在报告中说，希望高教社积极参与这项工作。

实际上，配合高教司开展的很多工作都是这样，在领导那里仅仅是一句话，但是到了高教社，就是一项重要工作。具体怎么建立师资培训新体系呢？刘志鹏社长找到我商量此事。我觉得接下这项工作没问题，但是下面得有个部门一起做。那时刘超是畅想投资集团的副总，他过去曾在高教司借调工作过，对司里的情况比较熟悉。于是我提出，可以让刘超和我一起去高教司沟通、商议此事，刘志鹏社长表示同意。

春节一过，我就和刘超来到高教司，与张尧学司长、刘桔副司长沟通情况，并拜会有关处室同志。前后去了多次，在沟通过程中了解到的情况是，时任中国高等教育学会会长、教育部原副部长周远清同志曾多次提出"教师是教学改革的关键，建议推进教学改革要从大规模开展教师培训入手"。周远清同志提出了这样一个观点，张尧学司长是准备按照周远清同志的要求开展教师培训工作。但是，这样大规模的培训，靠实体培训难以操作，势必采取信息化、网络化手段。张尧学司长是做计算机科学研究的，他有这方面的优势，于是提出建立"基于计算机技术的网络师资培训新体系"。老部长有要求，高教司也有想法，但并没有具体的建设和实施方案。这是当时司领导层面上遇到的情况。

到了处室层面，通过与综合处宋毅处长、张庆国副处长的沟通，我们了解到了另一个情况：2006年高教司的财政拨款还没有用完，准备拿出1000万元，资助20所左右部属高校建设网络教室。但是他们工作特别忙，没有时间仔细考虑这件事情，所以见到我和刘超以后，希望我们帮助设计一个采购方案，并协助做好这项工作。我当即表态，高教社将积极组织力量，承担项目方案设计和建设任务，协助高教司完成好这项工作。

回社后，我立即向社务会做了汇报。刘志鹏社长熟悉高教司的工作情况。他说，司里既然有这样一种实际的需求，社里就应该抓住这个机遇，帮助司里进行筹划,争取更多合作的可能性。于是我和刘超商量,既然有一个大的背景,还有一个小的客观状况,那社里就先按照处里的想法,尽快制定一个方案。实际上,包括高教司在内的各个司局,工作中都会有很多很好的想法,只是苦于人手紧张,想法未能付诸实践。好的想法需要有人来帮忙实现,才能显出成效。谁来干呢?高教社恰逢机遇,可以很好地发挥自身作用,体现服务意识,积极承接这些工作。我对刘超说,需要社内外协调的事我来做,他可以先把具体的事务做起来。

刘超与综合处对接,很快拿出了一个方案,并与张庆国副处长一同前往教育部政府采购中心,咨询网络设备招标采购事宜。采购中心负责接待的同志认为,按规定,该项目经费用于硬件设备采购,项目建设单位应通过招标产生。项目建设涉及计算机系统集成经营资质,这不是高教社的强项,因此不能交由高教社承担。事情遇到了一点"麻烦",似乎走不下去了,怎么办?

转　　机

面对这一实际情况,我与刘超商量,能否换个思路,与高教司综合处积极沟通,做到既能承担政府专项建设任务,又能培育发展出版社新业务。经过协商,刘超向我汇报,建议社内自筹 1000 万元资金用于硬件系统建设,争取高教司把 1000 万元设备采购经费转化为"精品课程师资培训"专项经费,交由高教社承担师资培训工作。我很认可这个思路。在征得社里同意之后, 我又同刘超一起与高教司有关领导及处室商谈项目建设的方案和细节,最终双方达成了一致意见。紧接着,2007 年 3 月,高教社正式向高教司提出了"精品课程师资培训项目与系统建设"的立项申请。

在等待审批期间,社里做了四件事。

一是明确项目具体执行部门。在此期间,刘超兼任北京畅想数字音像科技股份公司总经理,我兼任董事长,周杨任董事会秘书。为使这个刚刚成立的公司能有实质性的经营业务,刘超向我建议,希望"精品课程师资培训项目与系统建设"依托北京畅想数字音像科技股份公司来运营。我同意了这个建议,并向社务会做了汇报。3月8日,社务会讨论后同意委托北京畅想数字音像科技股份有限公司承担这个项目。这样,此事就有了具体执行的部门,刘超也就可以名正言顺地开展工作了。

二是设备招标。项目硬件经费由高教社支持,可以先期行动起来。但是搞招投标,高教社没有经验。我建议刘超找专门机构代理,以保证规范、有序。2007年4月,北京畅想数字音像科技股份有限公司委托中国教学仪器设备公司作为招标代理,组织系统建设的招标。5月,签订供货及服务协议,部署了4台互联网服务器。

三是设立培训中心。2007年5月,在第130次社务会上,我详细汇报了这件事的背景和主要工作思路。社务会讨论决定,为了积极开展工作,先在高教社设立"全国高校教师网络培训中心"机构。该机构职能为:构建全国高校教师网络视频培训系统和运作体系,负责组织开展国家级精品课程的师资培训工作,进行全国高校教师培训数字化内容资源建设,运用数字化、网络化手段开展全国高校教师培训和其他社会培训工作等。我兼任中心主任,副主任为刘超、付英宝,有关工作依托北京畅想数字音像科技股份有限公司开展。

四是颁发培训合格证书。高教社内成立培训中心后,我又带着项目团队,同教育部人事司师资处进行了多次沟通,取得了人事司对这项工作的支持,同意与高教司一道,为参训合格的高校教师颁发高校骨干教师培训证书。

很快,2007年6月,教育部办公厅正式批复,同意"精品课程师资培训项目与系统建设"方案,批准设立"教育部全国高校教师网络培训中心",挂靠在高教社。当时,对于冠以"全国""国家"的机构都不再批准设立了,所以中心最后确定为这样的名称,至今仍具有历史意义。

批复中明确指出:中心负责承担国家精品课程师资培训项目的建设和运营任务,协调和指导各省、自治区、直辖市"培训分中心"的工作,承接高教司、人事司的其他培训任务。同意高教社所属北京畅想数字音像科技股份有限公司配套1000万元用于中心及各地分中心的软硬件建设。中心可以依托该公司开展日常运营工作。高教司提供的1000万元经费作为政府补贴,主要用于"国家精品课程师资培训项目"的体系建设及模式研究、培训视频内容资源开发、支付教师课酬、日常运营维护及培训体系的进一步完善等方面。希望高教社充分发挥数字化教学内容资源建设的优势,认真调研高校教师各种培训需求,及时向高教司和人事司提出培训计划与建议,积极探索基于交互式网络视频教育的培训新模式,充分调动各省、自治区、直辖市"培训分中心"的积极性,努力构建起一个覆盖全国的高校教师网络培训系统,使师资培训工作网络化、信息化、常规化,逐步形成"质量工程"的重要支撑系统。

务 实 工 作

要开展大规模的网络教师培训工作,建立各地分中心,实现网络系统畅通是必备的基础条件。当时,基本上是依靠高教社在各地的教学服务中心,再加上教育部师范司原有网络培训体系来建立。省级培训中心都设在师范大学,同时,又搞了中心城市教学点,部署非常严密。2007年7月,第一批分中心系统开始实施,分别位于重庆、云南、武汉、长春、成都、济南、郑州、山西、沈阳。9月，第二批分中心系统开始实施，分别位于河北、黑龙江、内蒙古、上海、广东、青海、湖北、甘肃、安徽、福建。至此共建立了两批近20个分中心。10月，北京与各分中心系统开展联调测试。在此期间，社里为了加强主会场的网络直播效果，还专门在马甸办公区A座改造阶梯教室。

在此期间，2007年8月，在北京还召开了课程建设和体系建设专家研讨会，邀请了国家级教学名师、国家级精品课程主持人和各分中心负责人，就网络培训方式、课程设置、内容模块、运行模式等进行了深入研讨。专家们为后续开展教师网培工作提出了很好的建议。

不到半年的时间，基础性工作已经完成，准备就绪。2007年11月16日至12月底，先后开展了5门课程的试培训。这些课程分别是线性代数、无机化学实验、工程图学、货币银行学和文学概论。1900多名教师在各地分中心参加了培训，取得了良好的培训效果。青海师范大学教师索南在参加培训后留下感言，说这项工作"利在教师，益在学生，功在国家"。

2008年，网络师资培训工作步入正轨，共开设36门课程，培训高校教师1.1万余人。大家的交流也非常活跃，网培论坛发帖总量超过10万条。同时新增15个分中心，全国分中心总数上升至35个。

2009年，培训人数近两万人，较2008年增加了将近一倍，各地分中心增加到50个。值得一提的是，这一年的2月26日，中心申请国家质量工程专项经费的"高等学校教师网络培训系统"项目顺利通过论证。专家组一致认为，这个项目针对性和现实性强，可以有效促进优秀教学成果和优质教学资源的广泛应用和共享，适合我国高校教师的发展要求，而且已经具有较好的实践基础。虽然经费最后没有落实，但是这件事还是给了我们很大的鼓舞。

2010年，网络教师培训工作实现跨越式发展。表现在"精品课程师资培训"项目的培训人数又增加了1万人，培训规模达到3万人；"高等学校教师网络培训系统"项目完成平台建设并开展了在线培训课程测试。

在 2010 年全国高校教师网络培训工作总结表彰会上,我总结了中心的工作,称其在实现跨越式发展的同时,某些方面实现了三个突破:一是培训模式的突破。在原有网络同步课堂集中培训的基础上,新推出了自主性在线培训模式,集中培训也丰富了高校分会场的实现模式。二是培训内容的突破。由原来面向课堂教学内容的精品课程师资培训拓展到面向高校教师全面发展的高校教师网络培训计划。三是服务意识的突破。充分利用网络平台和优质师资资源,突破了培训范畴,开展了"国情讲座""青年教师基本功大赛"等众多公益性的服务项目。

对于中心未来一段时间的工作目标,2011 年 1 月 12 日,我在对中心 2010 年工作进行总结时讲了三层意思:一是探索创新。"高等学校教师网络培训系统"项目在完成平台开发的基础上,下一步要构建覆盖全国的基于网络进行互联互通的高校教师培训新体系,打造数字化和网络化的高校教师终身学习平台。要树立符合市场需求的创新意识,研发推出新的网络培训模式,实现网络同步课堂模式、在线点播模式、直播模式等多种模式并存,全方位满足高校教师的需求。二是合作共享。中心的工作内容本身就是"促进优秀教学成果和优质教学资源的广泛应用和共享",需要开放的视野、较高的资源整合能力和平台推广能力。要促进"网培中心—省级—校级"三级平台建设,与各分中心、各高校开展课程开发、技术支撑、培训组织等全方位合作。不是高教社一家在北京受益,而是与省、校共享成果。三是突破发展。在培训内容上,面向课程教学,开展课程建设、教学理念和教学方法培训;面向专业建设,开展专业规范、实践教学和人才培养模式培训;面向教师发展,开展职业技能、专业知识和科研创新等培训。在培训规模上,"精品课程师资培训项目"要完成"5 年培训 10 万教师"的既定目标。这个时间点从 2007 年开始计算,前 3 年已完成 6 万人的培训任务。在此基础上,从 2011

年开始的新的 5 年里，争取开发 1000 门培训课程，培训高校骨干教师 15 万人，让更多教师受益。中心蓬勃发展的势头已经充分显现出来。

回顾中心创建时期走过的路程，得益于三方面的支持。一是教育部业务司局强有力的政策支持。二是高教社高度重视。三是各分中心大力支持。高教社各地教学服务中心的很多院校代表同时兼任网培中心代表的职责，也给予了很大支持。

2011 年 9 月，刘超去中国教育出版传媒股份有限公司工作，付英宝接替中心的日常工作。在社领导层面，新任总编辑杨祥接替我分管中心工作，后由党委书记宋永刚分管该项工作，他们都做出了自己的努力。

多年以后，回想起这件事，记得有人开玩笑说，这是高教司在新阶段给高教社送的一份"大礼"。但是，这件事却并非从一开始就那么清晰，而是有一个逐渐明确的过程。

教师培训是永恒的话题，做好这项工作，功在当代，利在千秋。祝愿中心越办越好！

忆"前沿"系列英文期刊初创

高教社虽然是一家教育出版社,但一直以来将"弘扬学术"作为办社宗旨之一,始终把学术出版作为一项重要工作不断加大投入,持续建设,也取得了丰硕的成果。21 世纪以来,高教社在学术出版所取得的成绩中,"前沿"系列英文期刊可以说是影响较大、最具代表性的成果之一。我作为一个亲历者参与了"前沿"系列英文期刊初创的一些工作,留下一些历史的回忆。

2002 年 4 月,周济就任教育部党组副书记、副部长。5 月 22 日,作为教育部负责联系高教社工作的部领导,周济来到高教社考察调研。在调研中,周济副部长专门就学术期刊工作做了明确指示,希望高教社在我国各高校现有大学学报的基础上,挑选出优秀论文,创办文摘期刊,进入 SCI、EI 等国际权威检索系统,扩大我国高校的学术影响力和知名度。此后,我和刘志鹏社长两次专门到教育部周济办公室汇报高教社学术期刊办刊工作,接受任务。

实际上,从这个时候开始,周济(2003 年 3 月任教育部部长,2010 年 6 月任中国工程院院长)就与高教社的学术期刊工作结下了"不解之缘",多次听取高教社相关工作汇报,做出重要批示和明确指示,始终大力倡导、积极支持高教社办好学术期刊,指示高教社创办高水平学术期刊。

在接到创办学术期刊的任务之后,社里决定由我牵头负责落实。我们一方面责成 2002 年 1 月刚成立的研究生与学术著作分社(初期与高等理工分社合署办公)了解情况,提出方案。2003 年 2 月,研究生与学术著作分社独立建制后,开始着力创办"中国高等学校学术文摘"系列英文期刊,这就是"前沿"系列英文期刊的前身。

另一方面,我们在国内外做了大量调查研究工作。例如,为了深入了解世界一流学术期刊的办刊经验、运营方式,2002 年 9 月 11 日~10 月 3 日,国务院学位委员会办公室(教育部研究生工作办公室)和高教社陈小平、肖娜、林梅等有关人员一行 6 人,组成由我带队的"高层次研究生教育及相关出版物考察代表团"赴美国、加拿大考察。我们专程考察了爱思唯尔工程信息公司期刊文献检索机构 (Elsevier EI)、汤姆森美国科学情报研究所 (Thomson ISI),并洽谈了办刊的相关合作事宜。为了进一步密切与外方的合作,2003 年 8 月 29 日~9 月 12 日,刘志鹏社长带队对美国教育出版行业进行访问,又专程访问了爱思唯尔工程信息公司期刊文献检索机构和汤姆森美国科学情报研究所。

在调研中我们发现,随着知识经济的到来和经济全球化的加快,学术期刊的国际化和学术期刊出版资源的争夺日趋激烈。我国高校学报由于杂而全以及其封闭性特点,难以满足专业读者的需求,也难以进行有效的国际传播,市场占有率低,很难被国际权威检索系统收录,在竞争中处于极为不利的地位。反过来,这也直接影响到高校学报上登载论文的水平与质量,不利于展示我国高校的科研实力,不利于我国高校走向世界。在这样的背景下,创办高水平、高质量、高品位的学术期刊,汇集我国高校高质量的原创性学术论文,已经势在必行。

经过一年多的精心筹划和准备,我们认为创刊的时机和条件已经成熟。2003 年 11 月 28 日,高教社向教育部提交了《关于申请筹办〈中国高校学术文摘〉期刊的请示》(以下称《请示》),申请创办 27 种分册,首批创办《数学》《物理学》《机械工程》《电子与电气工程》《历史》《法学》《经济学》等 7 个分册,同时推出纸质版及电子网络版。周济、袁贵仁、吴启迪、赵沁平等教育部领导对《请示》进行了审阅或批示,对创刊工作给予支持,并指出需要合适的编委会及编辑人员。考虑到我社学术专业人才力量有限,我们积极寻求与高校合作办刊。同济大学、西北大学等高校都给予了积极的响应,希望承担有关分册的办刊工作。这样,在教育部和相关高校的大力支持下,创刊工作正式启动。

2004年2月,高教社专门成立了"学术期刊分社",隶属同期成立的"学术出版中心",专门负责筹办"中国高等学校学术文摘"系列英文学术期刊。第一个重点工作是按照教育部要求进一步遴选期刊编委会和编辑部人员,落实国际化办刊工作。

同年3月12日,我们向教育部报送了《关于〈中国高等学校学术文摘〉期刊筹办工作的请示》,提出了文摘总编委会建议名单、拟第一批创刊的《数学》《电气与电子工程》《历史》三个分册的编委会及编辑部名单,以及筹办工作中需要解决的有关问题。周济部长批示:"该项工作非常重要,请各方统筹协调尽快予以解决。此项工作的关键在于SCI和EI的收录问题,请高教社以此项工作为重要突破口。"同时,我们开始着手相关分册转载论文的初选工作,并着手组织编委会对初选论文进行复审,制定涉及期刊编辑工作的规章制度、工作规范和流程、选刊标准等编辑部工作手册。

为了寻求"中国高等学校学术文摘"系列英文学术期刊的国际销售渠道,在前期与Elsevier EI、Thomson ISI合作沟通的基础上,高教社在2004年10月9日~22日再次派团,由吴向副总编辑带队,一行6人赴欧洲对Elsevier、Springer、Taylor& Francis以及Blackwell等四家学术出版集团进行访问,开展了有关的合作洽谈。其中重点与Elsevier、Springer就合作办刊的工作流程、内容编辑平台、书稿英文润色以及销售模式进行了深入探讨,达成了合作意向,并与Elsevier签署了合作出版"中国高等学校学术文摘"系列电子版的《谅解备忘录》，与 Springer 就合作出版电子版、印刷版达成了初步意向。2004 年 11 月 11 日，我们向教育部报送了《关于〈中国高等学校学术文摘〉系列期刊对外合作的请示》，汇报了高教社与 Elsevier、Springer 等国际知名学术出版集团开展合作的工作进展以及存在的问题，周济部长批示"这项工作意义重大，应全力搞好，请各方大力支持"，并指示对于申请国内刊号要大力争取新闻出版总署的批准。

此后，经过多方比较、多次接触，高教社最终选定 Springer 出版集团作为"中国高等学校学术文摘"系列英文学术期刊的国际合作出版商。2005 年 1 月 20 日～21 日，高教社由吴向副总编辑带队，与 Springer 出版集团总裁 Ruediger Gebauer 一行进行了专题研讨，并签署了《谅解备忘录》。双方商定，2005 年 3 月签署正式合作协议，确定合作伙伴关系；2005 年第三季度试出刊 3 种，2006 年正式推出 10 种期刊，争取到 2008 年扩大到 27 种期刊。双方还议定了合作协议中的主要内容，即高教社负责"中国高等学校学术文摘"系列期刊内容的获取，负责质量控制，承担刊物的编辑工作，包括刊物印刷版的排版、印制以及按照 Springer 提出的要求提供互联网电子文档；Springer 负责英语语言润色，负责刊物印刷版在国际上的发行以及在线版本通过网络平台 Springer Link 在世界上的发行，同时负责申请获取期刊印刷版和在线版的国际刊号。其后，2005 年 3 月，双方签署了正式合作协议。也正是在与 Springer 的合作中，根据对方的建议，"中国高等学校学术文摘"系列最终更名为"前沿（Frontiers）"系列英文期刊。自此，高教社学术期刊出版国际化成功地迈出了第一步，走上了可持续发展之路。

目前，作为高教社学术出版的重要品牌，"前沿"系列英文期刊已经成为国内覆盖学科最广且唯一涵盖人文社科和自然科学的英文期刊群，包含基础科学、工程技术、医学和生命科学、人文社科共 27 种期刊，其中 9 种被 SCI 收录、5 种被 EI 收录、2 种被 MEDLINE 收录。截至 2015 年年底，海外全

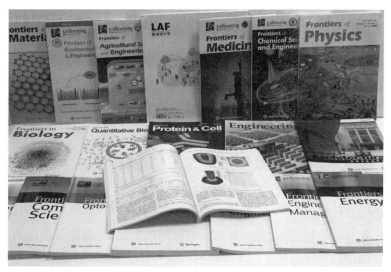

"前沿"系列英文期刊

文下载量累计已超过 300 万篇次。这些成绩的取得,离不开周济部长的大力倡导和推动,离不开教育部、原国家新闻出版广电总局的大力支持,更离不开陈小平、丁海迦、李冰祥、刘建等一批高教社编辑十余年如一日的努力工作、精心培育。

打造高教社业务发展的"东方明珠"

上海分社是高教社"大家庭"中一个非常重要的组成部分，在高教社历史发展进程的不同阶段，曾经被赋予过不同的定位，并发挥了很好的作用，为高教社事业的不断壮大做出了积极贡献。2009年前后，由于社内社外环境的变化，上海分社又进行了一次业务战略调整，建立上海分社业务平台，进一步整合高教社各出版中心在华东地区的教学资源，促进华东地区教学资源建设进一步发展。受社务会委托，我负责组织实施这次调整工作。我也因此有机会对这样一个异地分支机构在新的历史条件下，该如何处理与母体相关部门的关系，从而更好地形成合力，做了近距离的思考与探索。

说起来，我对上海分社的感情还是很深的。上海分社的前身是上海出版分部，筹备成立的时候，我恰好亲身经历其事。高教社1983年恢复建制，1984年，时任社长祖振铨就考虑在上海设立一个基地，遂倡导并着手筹建工作。

那一年，高教社30周年社庆活动刚结束，我被借调到中央办公厅秘书局，帮助李欣（时任常务副局长）整理、编纂《秘书工作》，拟在高教社出版。这部书稿在上海排校，做好样书，在北京下厂印装成册。记得1985年4月，我陪同李欣副局长出差，到上海去看校样。上海市委办公厅（当时黄菊任办公厅主任）就把我们安排住在东湖宾馆。当时，祖振铨社长正巧在上海开展高教社上海出版分部的筹备工作。我看到祖振铨社长的居住条件较差，就建议他住到东湖宾馆来。祖振铨社长有些犹豫。李欣副局长听到这个消息以后,欣然邀请祖振铨社长也住进东湖宾馆。

正是这样一种特殊的机缘,我作为一名编辑,有幸目睹了祖振铨社长在那里亲自写请柬、写信封,筹备成立上海出版分部的场景。我记得,当时邀请了上海市政府对外协作办公室等部门。因为高教社要在上海设立这样一个部门,肯定要经过上海市政府及相关部门的批准。祖振铨社长为成立上海出版分部做了最开始的奠基工作。他亲力亲为,不辞辛苦,在我年轻的心灵里留下了很深的印象。

非常巧的是,1985年下半年,我结束了在中办秘书局的借调工作,回到社里,不久又任出版部主任,上海出版分部成为我直接分管的一个部门。所以,高教社在上海的发展我一直都非常关注。

上海分社早期业务发展足迹

1984年,祖振铨社长筹备建立上海出版分部的时候,还没考虑编辑和其他业务,只考虑了单纯的出版印制业务。那个年代,印刷生产能力极度紧张,因而出版印制部任务最重,压力最大。所以,这个新成立的机构就叫上海出版分部,是高教社出版部在上海的派出机构,主要承担沪版中专教材和部分京版教材的排版校对、印装工作。

慢慢地,上海出版分部的工作范围逐步拓展。首先是在发行领域,1986年,成立了上海读者服务部。1993年,与上海经济二店合资成立了高教上海储发公司。1998年建立了上海高教图书发行部,隶属高教社发行部,主要承担沪版中专教材全国发行任务。

1998年5月,于国华社长按照走"内涵提高、外延扩大、质量效益与规模效益并重"的发展思路,以及"要走出国门先走出京门"的理念,提出在上海建立分支机构,希望上海建立新的机制,走出一条有别于北京总社的发展路子。于是,上海除了出版发行业务以外,于 11 月又成立了综合编辑室,开始涉及选题、组稿、加工等编辑业务。由杨松涛副社长分管,吴向为主任,马景焘、郭立伟为副主任。主要出版方向为经、管、法、外语、计算机等学科和专业。

2001 年,刘志鹏社长主持高教社工作以后,上海各板块业务合并成立了上海分社,包括编辑部、印制部、发行部、财务部、办公室 5 个下属部门。上海分社最初成立时,编辑室主任是陈建新,副主任是郭立伟。2002 年,改由王军伟副总编辑兼任上海分社社长。经过五六年的努力,到 2008 年,上海分社销售码洋接近 6000 万元。

2009 年业务战略调整

上海分社成立以后,虽然得到了快速发展,但是在运行过程中,与总社各出版中心产生了选题撞车的冲突和矛盾。而且,北京和上海的业务政策(折扣、奖励政策等)也有不一致的地方。随着业务的扩大,在社长、总编辑耳边不和谐音符出现的频率越来越高。为解决这些矛盾冲突,社务会同意试行上海分社的外语业务与总社外语出版中心打通, 高职业务紧随其后。但是,外语、高职出版中心的局部打通并不是解决全部问题的根本办法,得走出一条路,彻底解决上海分社选题与总社各出版中心冲突的问题。

关于上海分社的选题范围,社里曾经想让上海分社专做社会学习用书,但是难度非常大。北京这么好的条件,发展社会学习出版业务都很困难,更不用说上海了。毕竟我们的强项是教材出版,我们长期形成的思维方式、工作方式都还是以各级各类教材为主要对象的。

在这样的背景下，社务会反反复复多次研究上海分社的发展问题。感觉北京各出版中心事业发展很快，市场广阔而人力不够，可上海分社人员基础很好却有劲使不出来，找不到合适的市场定位。2009年3月，根据分管上海分社的王军伟副总编临近退休前的提议，对上海分社的业务进行战略调整。刘志鹏社长下决心打通上海和北京总社的业务，经社务会决定，由我牵头完成业务调整工作。

根据社务会的要求，我初步理出了对上海分社实施业务战略性调整的思路。一是从未来讲，上海分社应该定位成为高教社业务不可分割的一部分，这样有利于进一步整合高教社出版中心在华东地区的教学资源，也有利于促进华东地区的教学资源建设进一步发展。这是一体化的概念，就如同今天的京津冀协同发展一样，也是要进行资源整合。二是从眼下上海分社与总社的关系而言，它的各个业务板块要和总社相关学科统筹考虑，有序发展。统筹考虑不等于把人员、产品都放到北京，而是要充分利用上海的资源和条件，发挥北京各出版中心和上海分社各自的优势，在上海做各出版中心的事。三是就上海分社内部管理而言，也应该是一体化。当时上海分社有编辑、发行两个系统，隶属不同的社领导分管，协调起来不顺当，需要改变这种状况。有了思路，我对调整上海分社业务充满信心，也有了一个期许，那就是，经过调整以后，把上海分社打造成高教社业务发展的"东方明珠"。

为了避免久拖不决影响全社工作，同时，为了调动上海分社同志们的积极性，迅速打开工作局面，3月18日，我先在北京主持召开了上海分社业务工作调整专题研讨会。社领导顾恩祥、王军伟、阎志坚、杨祥，社长助理尹洪，人力资源部夏之民，财务部王剑辉，印务公司王琦，运营管理部肖娜、熊威参加了会议。

　　经过讨论,会议形成了上海分社业务工作调整方案。这个方案首先明确了上海分社的定位是建设成为具有行政人事、财务、业务、教学服务和生产五个服务功能的公共平台,为全社各有关部门在上海的业务发展提供支撑。以这个定位为前提,上海分社的编辑部人员根据本人专业和当时所从事的业务工作,分别并入北京各出版中心;上海分社已有产品本着按属性划分的原则,分别归入有关出版中心。方案还对其他人事安排、产品发行、费用支出等问题提出了原则性意见。根据会上决定,连续作战,一气呵成,请有关社领导和部门负责人在接下来的一周内到上海召开现场办公会,并责成运营管理部、人力资源部、财务部、上海分社在 3 月 24 日之前拿出具体的工作流程、管理制度和实施办法。

　　接下来的周四,也就是 3 月 26 日,我带着队伍来到了上海。因为这是很大的一个调整,牵涉面很广,所以各个部门从北京到上海去的人较多。包括社领导阎志坚、王军伟,文科出版中心张冬梅,中职出版中心贾瑞武、禹天安、王瑞丽、冯淑英,人力资源部夏之民,财务部王剑辉,营销总监办公室徐刚,教学服务部马景焘,运营管理部肖娜。上海分社郭立伟、孔全会等全体人员都参加了会议。

　　会议由王军伟副总编辑主持。会上,我代表社务会正式宣布:从即日起,对上海分社业务进行战略调整。新机构名称是:高教社上海教材服务中心,内部习惯称上海分社。那一年,王军伟副总编辑满 60 岁了,他是全国政协委员,按照国家规定没到退休年龄,但是不再担任领导职务。所以,经社务会讨论,上海分社法人代表更换为郭立伟。会上,我对上海分社的发展状况给予了高度评价,并代表社务会对包括王军伟副总编辑在内的历任上海分社负责人,带领全体员工为分社发展做出的贡献表示感谢。

　　当时,社里正在按中央要求组织学习科学发展观。我在讲话中,除了宣布调整方案的具体内容以外,重点结合科学发展观谈了自己对上海分社业务战略调整工作的认识和体会：

第一，这次调整，是上海分社自成立以来迎来的又一个重要机遇期，是上海分社长远发展的战略抉择，同时也是高教社转型期间资源整合的重要探索，标志着上海分社的发展进入一个崭新的阶段。其目的就是要发挥上海分社全体员工的积极性，发掘并激活上海分社的活力，促进上海分社的发展，实现科学发展观的第一要义。

第二，要坚持以人为本，就是要以实现人的全面发展为目标，从大家的根本利益出发谋发展、促发展，使大家和高教社共同成长，让高教社发展的成果惠及高教社的上海人或者说上海的"高教人"。在调整期间，要最大限度地维护好人，保护好人，保证每人有位置，充分发挥全体员工的积极性。我认为这是上海分社业务调整取得成功的关键因素。

第三，针对上海分社的业务调整，怎么落实全面协调可持续发展？我认为就是要一切从实际出发，实事求是，因地制宜。在调整过程中，去办能办到的事，想到但办不到的事先不去办。要反复交流、讨论，尽可能将与调整有关的问题想得周全，做到既整合了资源又上下左右充满和谐。还要注意这次业务调整不是短期行为，一定要用长远眼光考虑问题，给上海分社打造一个更大的发展空间。

第四，在业务调整中统筹兼顾如何体现？首先，既然业务划归到总社相关出版中心，上海分社作为公共服务平台，就应该编、印、发是一个完整的生产链，而且有统一的、一体化的领导。不是简单地把印制、财务、行政、编辑、发行放在一起，而是要真正整合为一个有机整体。其次，还要考虑上海这种业务模式取得成功以后，在全国其他地区的可复制性，比如，武汉是否可以复制这种模式？

最后，我又指出，要做好上海分社业务的战略调整工作，要处理好几个关系：其一，局部利益和整体利益的关系。这次业务调整，上海分社产品划归各出版中心,"谁的孩子谁抱走"。但是,还要有大局意识,高教社是一盘棋,部门局部利益要服从高教社整体利益。其二,近期与长远的关系。要放眼未来,要有发展的意识。这次调整是对社务会强调资源整合的一种探索,高教社要集团化发展,没有上海根据地不行。上海有编辑,也有院校代表,要坐在一起,不要担心他们因薪酬不同短期内可能会引发矛盾,要真正实现思想意识上一体化。调整中涉及部门和人的利益要向前看,而不能只看到眼前的短期利益。其三,数量与质量的关系。业务调整后,在各出版中心的重视下,上海分社会有一个快速的发展,但一定要坚守质量是生命线,没有好的质量,是不可能实现可持续发展的。

会上,对于产品怎么归属,编辑流程怎么调整,财务怎么处理,人力资源怎么对接,发行怎么办,院校代表怎么管理,等等,都讨论得非常细,并要求相应部门专负其责,高质量做好相关工作。会后,我又把上述问题梳理形成了《关于总社对上海分社业务平台管理的暂行办法》,以便为大家工作提供明确的遵循依据。就这样,上海分社业务调整工作按部就班、有条不紊地开展起来了。

到2009年年底,因为刚刚调整完,我非常牵挂上海分社的现状和发展情况。当时我同高教社新任社长李朋义讲,上海分社刚调整完,有个磨合的过程,正好赶上年底工作总结,我应该去看一下。李朋义社长非常支持我的想法。我到上海以后了解到,总社相关部门,尤其是上海分社全体员工在法人代表郭立伟主任的带领下同心协力,确保了业务战略调整平稳到位。上海分社办公区也进行了整体装修,气象一新。而且,在同一平台上,实现了编辑、院校代表、发行人员"合署办公,各负其责",与北京业务互通,工作井井有条,气氛和谐融洽。

实践证明,上海分社这个经验是可行的,有启发意义。它的借鉴价值在于一体化,不是分成几块,各行其是。今后,上海分社还会随着形势的发展进行新的调整和完善。不管具体怎么操作,我认为,高教社上海分社一体化这个大目标应该坚持下去。相信,经过众人打造,上海分社将来一定会成为高教社业务发展的"东方明珠"!

开业内先河的纸张采购招标

纸张是最基本的出版材料，几十年以来我国出版社都是自行采购纸张，然后送到印厂以供图书印制。以出版教材为主的高教社，在印刷物资供应紧张的年代里，能否采购到足够的纸张，经常会成为能不能完成当年出版任务的一件大事。记得 20 世纪 80 年代中期，1986 年下半年，我任高教社出版部主任，在工作中需要解决的难题之一就是采购纸张。

当时，虽然国务院专门召开会议协调教材出版的纸张供应问题，为出版单位分配相应的纸张计划供应指标，但是出版部负责纸张采购的工作人员拿着计划指标到中国印刷物资总公司采购时，却不一定能得到兑付。情况紧急时，我就要求当时具体负责纸张采购的马德祥同志每天早晨 8 点前直接到当时位于王府井南口的中国印刷物资总公司报到，"蹲点"排队，直到买到纸为止。时间长了，他与那里的工作人员混得很熟，以兄弟姐妹相称，也感动了他们，他们会适当照顾高教社的教材用纸。当年出版社面对纸张供应困难的窘境可见一斑。

为了解决纸张供应问题，当时出版社还需要自主寻找"纸源"，联系各地的大小纸厂购买计划供应指标以外的用纸，作为储备纸张。我曾去过河北省邢台地区的一家纸厂，需要我们先借款给他们用于收购秸秆，他们才承诺向高教社提供一定数量的纸张。可以说，当时的纸张供应市场是卖方市场，作为买方，出版社主要精力放在是否能采购到足够数量的纸张上，纸张的价格、质量等都还不是主要考虑的问题。进入 20 世纪 90 年代以后，随着国家经济发展，造纸行业也快速发展，形势开始出现了"逆转"：出版社不再为采购不到足够的纸张而担心，纸厂开始登门向出版社推销自己的纸张。"三十年河东三十年河西"，纸张采购供应从纸厂卖方市场到出版社买方市场转变，也折射出我国出版业的发展变迁。

酝酿纸张采购招标

20 世纪 90 年代后期，随着高教社出版规模的不断扩大，用纸量也大幅增加。如，1998 年高教社年出书品种已经超过 2000 种，发行量超过 5000 万册，用纸量达到 60 万令（1.5 万吨）。同时，新出版的教材与以往相比，对纸张质量的要求也在不断提高，从以书写纸为主开始向以胶版纸为主发展。面对这么大的用纸量和不断提高的纸张质量要求，如何科学高效地做好纸张采购工作，保障教材按时出版，成为我思考的一个大问题。记得 1998 年 10 月 30 日上午，时任出版部主任胡涛，副主任王慧玲，还有材料科朱学忠、张建航向我汇报当年纸张采购、使用情况，给了我一些信息：纸张供大于求，纸张价格持平，稳中有降。此刻，我敏锐地感觉到，纸张招标时机成熟。于是，在 11 月 7 日下午召开了座谈会，邀请近 20 家纸张供应商座谈，交流情况，沟通信息，增进了解，加强合作。实际上，这次座谈会是一次摸底调研会，为 1999 年实行纸张招标做了很好的铺垫。

之后，经过认真考量，我向胡涛等同志提出了采用招标的方式进行纸张采购的设想。他们非常赞同纸张采购招标的想法，并立刻着手准备。

纸张采购招标当时在出版行业内是一个全新的事物，大家非常关注，但没有现成的经验可以借鉴，因此要谨慎从事。我们一方面要向有多年合作关系的纸厂通气,另一方面要准备好"招标文书"等各种材料。一开始,纸厂不太理解,甚至有人说是高教社搞的"幺蛾子",店大欺客。对此,我们做了耐心的解释工作:进入市场经济后,用招标的方式来规划和调节纸张采购,对招投标双方都有很大的约束力,比计划经济时代出版社和纸厂间的口头约定有很大的进步,对保障双方生产和经营的正常开展有积极的作用,而且通过招标也可以使纸张采购程序透明合法,杜绝腐败问题。在谈到纸张采购招标的起因时,我利用纸厂之矛击其盾,很风趣地说:"纸厂是企业,你们的化工原料大都是通过招标采购的,我们出版社(当时)是事业单位、企业管理,因此我们要向你们学习经营管理的经验,对纸张材料采购采取招标方式,还希望大家多帮助,多指导!"经过耐心的解释工作,初步消解了供需双方的隔阂。1999 年 4 月 9 日,高教社开行业之先河,在北京昌平军都度假村举行了首次纸张采购招标会,参加招标的纸厂有 30 家。

　　会议由时任出版部主任胡涛主持,党委书记刘燕和总会计师顾恩祥出席会议。会上,我做了主题发言,首先介绍了开会的背景,为什么要实行纸张采购招标,其目的意义何在。接着宣布了招标工作遵循的"十字方针",即自愿、公开、公正、平等、互利。"自愿"就是指由纸厂自愿参加招标会,不带有任何强制性,合适就干,不合适不勉强;"公开"就是高教社要发"安民告示",事先公布招标的时间、要求;"公正"就是招标结果不是由哪一个人说了算,而是由高教社社内相关部门负责人组成的评标委员会共同决定(开始主要是生产部门,后来财务部、总编室和社内纪检部门都参加进来);"平等""互利"是指出版社、纸厂是平等的市场主体,双方通过市场行为最终形成互利的关系。

　　对首次举行纸张采购招标,我也提出了几点要求:第一是考虑到历史、现状及未来发展等因素,欢迎新老朋友来投标,且招标中新老朋友一律平等,要强调纸张质量,还要考虑地域性(例如上海分社尽量采购南方纸厂的纸张,以降低运输成本)。第二是招标价格要合理,同样的品种优先考虑低价位的,同价位的优先考虑品质好的,品质价位都相同的优先考虑服务质量高的。同时,为了鼓励纸厂提供质优价廉的产品,高教社承诺可以在图书版权页上注明用纸生产厂,相当于打出"免费广告",以提高纸厂的知名度。第三,考虑到当时纸张招标还没有全面开展,招标方承诺为纸厂保密纸价,承诺纸张的招标价格不外露。

最后,我对首次纸张采购招标又做了必要的说明:因为是第一次,没有经验,所以就招标本身而言,既规范又不规范。说规范是相对于以前计划经济时代双方口头承诺或书面协议而言,用市场手段规范了双方的供求行为;说不规范是相对于正规的招标文书而言,略为简单,希望大家理解,待以后运作中不断完善。

首次纸张采购招标会为期一天,上午开标、竞标,下午评标委员会评标、决标。到会的 30 个纸厂有 22 个纸厂参加了竞标,最终有 20 个纸厂中标,据不完全统计,有山东华泰纸业、宁夏美利纸业、烟台锦宏纸业、山东荣皎纸业、河北沧州造纸厂、山东泰山造纸厂、湖南岳阳纸业、山东滨州黄河纸业、辽宁金城造纸集团、山东泰安造纸厂、山东临清银河纸业、江苏新沂县(现新沂市)造纸厂、山东博汇纸业、四川永丰纸业、河北迁安华丰纸业、山东高唐纸业、山东太阳纸业等。

招标结果也比较令人满意。我社 1999 年采购的纸张,不仅价格每吨比当时的市场价位低了近千元,而且采购到的纸张质量也较以往有所提高,并且通过与中标纸厂正式签订合同,确保了纸张按时供货。对纸厂而言也具有积极的意义,工厂有了供货合同,也就保证了纸张销售的稳定性。

关于招投标,还有一个小插曲:山东有一家规模较大的纸厂在第一次纸张招标会上认为中标价格太低,也不理解出版社的用心,等我主题发言一结束就直接离会,没有参加竞标。但是两年后,他们设法通过原新闻出版总署的一位领导同志出面介绍，要求重新参加高教社的纸张采购招标。高教社也表示了同意，至今这家纸厂一直都是中标的纸张供应商。

从1999年一直到现在，高教社每年都要召开纸张采购招标会，而且带动了业内其他出版单位，他们大都效仿高教社的做法进行纸张采购。通过不断的实践，纸张采购招标工作程序愈加规范，操作更加严谨，在保证图书用纸质量、主动应对纸张价格波动、有效控制纸张成本等方面发挥了十分积极的作用。更为有意义的是，党的十八大提出全面从严治党，开展反腐倡廉，2016年教育部党组巡视中国教育出版集团后，在整改意见中明确提出纸张采购这项经营活动要采取公开招标的方式进行。无疑，高教社十多年来进行的纸张采购招标为此做了积极的探索。

高教社实行纸张采购招标尽管还有很多需要完善的地方，但它是改革之举，在业内开了先河，树起了一面旗帜，成为出版业纸张采购的风向标。

尝试纸张供需关系再变革

在出版社纸张采购招标走上正轨后，经过四五年的实践，我又在纸张供需关系的变革上做了一些思考和尝试，力争改变出版社几十年不变的采购纸张的传统做法，改由印厂采购纸张。这个想法基于三点：

其一，借鉴国外的经验。记得1992年我随教育部组织的世界银行贷款项目考察团访问德国一家出版社时，提出参观对方的纸张仓库，对方愕然，因为他们不负责采购纸张，是直接由印厂提供纸张的。这引发了我的思考：在计划经济年代，由于纸张供应紧张，政府部门只能将纸张优先配置到出版社，以保证图书的正常出版，出版社也因此成为纸张采购单位。但是，进入市场经济时代，出版社采购纸张意味着需要占用大量的资金成本，还需要投入大量的人力和物力进行管理,这不符合市场运作规律。

其二,出版社、印厂、纸厂三方在市场经济中要转变观念,精准找到自己的服务客户。出版社的客户是读者和作者,而不是纸厂和印厂;纸厂服务的客户是印厂,而不是出版社;印厂服务的客户是出版社。

其三,我曾在2003年9月的北戴河印制工作座谈会和2003年12月18日的纸张招标会上分别征求过印厂和纸厂的意见,大家出于对高教社的信任,都很支持我的这一想法,印厂仿佛找到了"上帝"的感觉,纸厂积极配合,努力适应,出版社、印厂和纸厂三方初步形成共识,纸张供需链变革具备了一定的基础。

根据上面的想法,经多次讨论,终于在2004年春节后(记得是正月初七)形成拟从3月1日起,在有条件的四个印厂和规模较大的纸厂中试行。具体方案是:高教社将部分纸张采购权交给印量较大的四家印刷厂(高等教育出版社印刷厂、化工出版社印刷厂、中国科学院印刷厂、北京印刷二厂),这四家印刷厂与高教社纸张招标中的中标纸厂签订购纸协议,纸价执行中标价。高教社在规定时间内向印厂结清包括印刷费和纸款两部分款项,印厂则在规定时间内向纸厂支付纸款,纸张采购、图书印装全部交由印厂完成。

这种改革,促使出版社、印厂、纸厂从战略合作的角度紧抓各自的核心业务,精准找到自己的服务对象,形成纸厂→印厂→出版社的直链模式,提高了整个行业的市场化运作程度。这种改革,自然引起业内出版社、纸厂、印厂的巨大震动。媒体也很重视,原新闻出版报记者范占英闻讯主动参加座谈会,亲耳聆听三方意见,做了跟踪采访,并拟稿《打破50年沉睡的计划经济模式——关于出版业供需改革的调查》。但由于种种现实原因,例如,纸厂担心货款不能及时回收,印厂担心纸厂不能及时供货,出版社担心出版物用纸质量等,对纸张采购方式再变革的尝试,其后并没有全面推开。

　　纸张供需链变革这件事留给我们很多思考。随着出版行业深层次的不断改革和专业化科技水平的不断提高,特别是在"互联网+"时代,"共享"模式零配送不断完善发展,出版社自行采购纸张必将逐步退出历史舞台。非常高兴的是,随着国家倡导环境保护,实现绿色印刷的整顿力度不断加强,各印厂正在重新洗牌,大幅度整合,增强服务意识,向着采购供应、仓储物流等集团化、规模化、多样化方向发展。这样,未来纸张供需关系也会逐步发生变化。期待这一天早日到来!

筹建"高等教育出版集团"始末

2003 年 4 月 18 日,高教社在北京人民大会堂分别与中山大学、天津大学、吉林大学就重组大学出版社和共同筹建"高等教育出版集团"签订合作协议。此举被行业媒体称为"中国式出版并购",在业内引发了巨大关注,赞同、怀疑之声同时存在。

我作为高教社的主要领导参与了相关的筹备工作,见证了出版单位在推进文化体制改革中的探索与得失。

2001 年,刘志鹏社长对高教社的发展提出了十年发展规划,其中前两年打基础。到 2002 年年初,高教社对传统以"编辑室"为核心的内部机构进行了调整,组成了 13 个出版分社和 3 个经营业务部门(编辑制作部、市场部、销售部),提出"内涵发展,外延拓展"。同时,提出了集团化、精品化、数字化等发展思路,其中,集团化发展战略被放在了首位。

高教社提出集团化发展战略主要有两个方面的背景。首先是 2001 年中共中央办公厅、国务院办公厅转发《〈中央宣传部、国家广电总局、新闻出版总署关于深化新闻出版广播影视业改革的若干意见〉的通知》(中办发〔2001〕17 号),其中明确提出打破条块分割的市场和产业格局,以资本和业务为纽带,构建跨行业、跨地区的大型现代传媒集团。而且在实践中,国内已经组建了一批试点出版集团、发行集团,探索集团化、集约化发展已经成为当时出版行业深化改革的重要途径。其次是高教社自身面临中国加入世界贸易组织后教育出版竞争加剧、如何确保我国高等教育教材出版机构在国内教材出版领域占据主导地位等重大挑战。为此,当时高教社提出了"建设国际知名、国内一流大型教育传媒集团"的战略目标。

集团化战略目标提出后不久,有一天,时任天津大学出版社社长杨凤和专程来社找到我,提出想出版高教社教材配套教辅的愿望,希望能得到许可。当时,我觉得与大学出版社开展合作是落实集团化发展战略的一个很好的突破口,于是就与刘志鹏社长商量,能不能借此机会谈一些更深入的合作。这个主意启发了刘社长,他说这个主意好!事实上,由于高教社有着强大的教材品牌资源,而大学出版社都背靠大学,具有各自的优质出版资源但没有被充分开发,双方的合作确实具有很好的前提条件和基础。因此,抓住这次机会,与天津大学、天津大学出版社就相关合作进行了初步洽谈。这次洽谈启发并鼓舞了高教社扩大合作面的信心。之后,凭借刘志鹏社长与当时李延保书记、黄达人校长的关系,高教社又与中山大学等学校进行了更加广泛的接触,探讨深入合作的可能性和方式。

在此期间,2002 年 5 月 22 日,时任教育部副部长周济到高教社考察调研,也要求高教社在集团化建设方面"要有大的思路和动作","要注意与大学、大学出版社和大学学报密切合作,利益共享,共同开发教育出版市场"。

为了切实做好集团化发展的相关工作,高教社专门成立了集团化工作小组,负责推进相关工作。小组由我任组长,苏雨恒任副组长,小组成员包括姜洁、付英宝、刘超、季静等。工作小组成立后,拟定了工作方案,首先要向部领导做汇报,之后才能开展工作。于是,2002 年 8 月 21 日下午,我和刘志鹏社长以及苏雨恒一道,专程到教育部向当时分管出版工作的袁贵仁副部长和时任社政司司长靳诺等进行了汇报。袁贵仁副部长听取汇报后,同意此方案,并表示要积极鼓励支持这种做法,需要时教育部可以发文,并指示对不同的大学出版社可以采用不同的合作重组方案,可以有选择性地开展相关工作。

相关大学及其出版社的积极态度，加上教育部领导同志的大力支持，进一步鼓舞了高教社继续推进重组大学出版社并筹建高等教育出版集团的决心。

全国共有百余家大学出版社，这些出版社分布在各地，各具特点和优势，如何选择合适的合作伙伴是高教社首先需要解决的一个问题。为此，先确定选择合作伙伴的基本原则，其中主要因素是对方的学科优势、专业优势和地域优势，通过合作，进而形成未来高等教育出版集团学科专业品牌齐全、优势突出、地域全覆盖的竞争优势。在上述原则和目标下，我们第一批考虑选择的合作伙伴主要是：中山大学、天津大学、吉林大学、电子科技大学、首都师范大学、北方交通大学、西南师范大学、重庆大学等。

8月21日得到袁部长指示后，我们心中有了底，第二天（8月22日）我和刘志鹏社长及工作小组的同志们首先来到了中山大学，与时任校长黄达人、副校长王珺，中山大学出版社社长叶侨健进行了会谈。经过会谈，高教社和学校双方明确了合作的一些基本原则，并决定成立工作小组积极推进相关工作。此后，双方又开展了多次会谈，逐步确定了重组工作的基本内容。主要包括：重组将以资本和业务为纽带，明确产权关系和经营责任；在对大学出版社进行资产评估的基础上，高教社通过资金投入成为大学出版社出资人，并享有相应的权益；重组后，大学出版社仍保留独立的法人地位，并按公司化的模式进行改造，形成规范合理的法人治理结构；高教社将扶持大学出版社在相关学科专业做强做大。当然，在谈判中也遇到很多具体的问题，例如大学出版社人员的安置、发行业务管理等。双方在协议文本上进行了很多次的磋商。

以与中山大学的合作为起点，我们又分别与天津大学、吉林大学、电子科技大学、北方交通大学、重庆大学、西南师范大学等开展了重组出版社的协议谈判。到 2003 年年初,高教社重组相关大学出版社筹建高等教育出版集团的工作方案逐步形成。2 月 21 日,我们把工作方案向教育部党组做了汇报,教育部党组支持成立高等教育出版集团,表示不做行政干预,要求以资产为纽带成立集团公司。

为了扩大筹建集团工作的影响力,取得出版行业的更大支持,高教社决定举行一次公开的合作协议签订仪式。经过认真筹备并请示教育部同意,合作协议签订仪式于 2003 年 4 月 18 日在北京人民大会堂举行。我们邀请到时任新闻出版总署副署长柳斌杰、教育部副部长袁贵仁、中宣部出版局局长张小影、新闻出版总署图书司司长阎晓宏、新闻出版总署发行司司长刘波、教育部社政司司长靳诺等领导出席合作协议签订仪式,仪式由我主持。时任中山大学校长黄达人、天津大学校长单平、吉林大学副校长孙春林分别与高教社社长刘志鹏在合作协议上签字。出席合作协议签订仪式的还有电子科技大学、西南师范大学、华中科技大学、北方交通大学、大连理工大学、兰州大学等 12 所大学及大学出版社的负责人。

2003 年 4 月 18 日,合作协议签订仪式在人民大会堂举行

　　2003 年 4 月,全国"非典"疫情已经十分严重,签约仪式之后重组大学出版社的工作暂时处于停顿状态。同时,签约仪式之后也不代表重组工作正式启动,因为重组方案必须得到中宣部、新闻出版总署的批准,而其中涉及很多政策层面界定不清的因素,如法人治理结构是什么模式,以资产为纽带的集团是什么模式,有关主管部门正在研究,参与重组的各方也都在探索。此外,重组后的出版社需要办理法人登记手续,高教社作为新增主办单位要报批和重新登记,之后才能启动重组程序。还有,重组需要对大学出版社资产进行评估,但如何剥离和评估大学出版社资产是一个巨大的难题。对高教社而言,一年内与 10 家出版社进行重组,无论是资金投入还是管理能力上都存在着较大的风险。

　　更重要的是,按照党的十六大关于深化文化体制改革的总体要求,2003 年以后中央对文化体制改革工作做出了一系列重大部署,最有代表性的是中国出版集团于 2002 年 4 月 9 日成立后,到 2004 年 3 月 25 日正式成立中国出版集团公司,标志着包括所有经营性文化单位的整体转企已经开始。高教社前一阶段所确定的"一体两翼"等改革发展模式,以及走"事业性质"集团化的道路开始与国家关于文化体制改革的总体要求不相适应。因此,高教社重组大学出版社这件事很难得到行业主管机关的同意,于是最终搁浅。自此,我领导的集团化工作小组的工作自然结束,小组的同志们回到各自的工作岗位。

　　回顾高教社与相关大学合作重组大学出版社并筹建"高等教育出版集团"这段历史,尽管集团化工作小组同志们历时两年之久,东奔西跑,付出了很多心血,教育部曾先后于 2002 年 3 月 21 日、2003 年 9 月 15 日致函新闻出版总署,同意高教社组建出版集团,也同意增加高教社为大学出版社主办单位,但业内轰动一时的与大学合作重组其出版社的创举并未如愿完成,留给我们很多思考:这件事情从某个侧面虽然可以表现出高教社的改革精神,这是高教社自建社以来得以不断发展壮大的动力;但也说明高教社改革发展的路径和时间表要与国家文化体制改革的总体要求保持一致,做到顺势而为才能取得成功。

第三辑

业内社会工作回眸

新时期出版人改革亲历丛书

投入教育出版的怀抱，以身为"出版人"为荣，油然而生的社会责任感驱使我对业内社会工作投入巨大心力。我踊跃参与业内各类社会活动，特别是在改革大潮中，积极助推出版社体制改革，对出版社转企后如何进一步加强"总编辑工作"，力促规范性文件出台，为出版业改革发展添砖加瓦，贡献微力。

"出版人"履行社会责任，奉献爱心，情未了。

力促"加强总编辑工作"的文件出台

　　长期以来,总编辑岗位一直是我国出版单位管理体制中不可或缺的重要岗位。作为出版单位的主要负责人之一,总编辑把握出版导向、落实出版制度、保证出版物内容质量、培养编辑队伍等工作,在业务方面承担着主要责任,具有重要作用。但是,在出版单位转企改制工作的大潮中,曾经有一个时期,出现了总编辑岗位职责弱化的现象。这在当时引起了业界比较广泛的关注,也受到了原新闻出版总署的高度重视。总署为此专门下发了《关于进一步加强出版单位总编辑工作的意见》(新出政发〔2011〕5 号),及时消

新闻出版总署专门下发的文件

除困惑,明确导向,为出版单位改制工作的顺利推进提供了有力保障。我作为亲身经历者,有幸在这份文件的出台过程中做了一些具体工作。

参与策划烟台研讨会

2009 年前后,按照中央关于文化体制改革的总体要求,很多经营性出版单位陆续完成转企任务。随之而来的是大家开始思考体制改革之后机构怎么设置的问题。一说转企,大家对设置董事长、总经理没有异议,对社长作为法人代表、董事长也没有异议,唯独对出版单位作为特殊的内容行业,编辑业务这块工作谁管的问题不明确。有的单位干脆不再设置"总编辑"这一岗位了,用总经理岗位代替总编辑岗位,"总编辑工作"面临被模糊、被弱化的趋势。记得在 2009 年 8 月 27 日,中国出版工作者协会科技出版工作委员会在化学工业出版社召开了一次转企改制座谈会,时任新闻出版总署副署长邬书林、出版管理司司长吴尚之、中宣部出版局副局长郭义强都参加了会议。在这次座谈会上,大家对"总编辑工作"的弱化发了不少感慨,表现出对当时"总编辑工作"所处状况的困惑和忧虑。

与此同时,金盾出版社原总编辑郭德征找到我,对"重视和加强总编辑工作"的意见谈了他的想法。我们两人一拍即合。他说:"老张,咱们得呼吁啊!"我说:"这件事关系出版行业的未来发展,咱们一定要有声音!"当时我们两人都有一些优势条件:他时任中国编辑学会副会长兼科技读物编辑专业委员会(筹)主任;我时任中国编辑学会副会长兼教育专业委员会(筹)主任,同时还兼任中国出版工作者协会校对委员会主任,在出版领域都有点号召力。而且,他所负责的科技读物编辑专业委员会筹委会,此前就"总编辑工作"面临的形势和变化开展了一些调查研究,有一些基础。于是,我们就开始着手推动这项工作。

　　一开始,我们并没有很完善的想法,就计划办个研讨会,让大家说一说,讨论讨论。最初策划的是一个规模将近 200 人的研讨会,主题为"出版社转企改制后的总编辑工作",由科技读物编辑专业委员会(筹)主办,人民军医出版社和知识产权出版社联合承办, 定于 2009 年 9 月 16 日至 18 日在山东烟台举办。

　　研讨会上,时任新闻出版总署副署长邬书林和中宣部出版局局长张小影做了专门指示。邬书林副署长指出:"请同志们放心,总署绝不会听任'总编辑工作'被弱化、被边缘化的现象滋生蔓延。"张小影局长提出了"会议研究的主题很重要""对在新的条件下如何更好发挥总编辑作用进行的重要探索和实践要认真加以总结""要正视一些单位'总编辑工作'被弱化的倾向"三条意见。原新闻出版总署副署长、时任中国编辑学会会长桂晓风出席研讨会并做了题为"出版社转企改制后总编辑要更好地履行对出版物文化价值的总责任"的报告,时任新闻出版总署出版产业司副司长张亮介绍了出版体制改革的有关情况。这些都使与会人员很受启发,很受教益,也很受激励,极大地增强了大家做好新形势下"总编辑工作"的责任感,也增强了做好"总编辑工作"的信心和决心。

　　研讨会还宣读了刘杲同志《总编辑工作条件与素质》的文章。时任人民卫生出版社社长兼总编辑胡国臣、清华大学出版社原总编辑蔡鸿程、时任中国纺织工业出版社总编辑郑群、中国建筑工业出版社原总编辑朱象清、中国矿业大学出版社社长于广云、人民邮电出版社原总编辑吕晓春、中国建筑工业出版社总编辑沈元勤、上海科技文献出版社总编辑何剑秋、机械工业出版社原总编辑陈瑞藻等 10 位社长、总编辑和编辑出版专家做了大会发言。

　　我参与策划了这个研讨会。记得那天是 8 月 4 日,中国编辑学会科技读物编辑专业委员会在人民军医出版社 406 会议室召开了小型座谈会,为研讨会做准备。到会的有郭德征、齐学进、陈瑞藻、蔡鸿程、沈元勤、朱象清、李新社、何剑秋、周蔚华等。但遗憾的是,烟台会议即将召开时,我因为临时有事,没能到会。参加会议的同志把会上大家发言的主要观点传达给了我。围绕"总编辑工作",大家形成了四点共识:一是开展对出版社转企改制后"总编辑工作"的研讨非常必要,"总编辑工作"缺失现象不容忽视;二是"总编辑工作"的重要地位不能变,出版社转企改制后的"总编辑工作"只能加强,不能削弱;三是必须建立规范有效的保障机制,从行政管理制度上和组织管理系列中确立总编辑岗位并赋予相应职能;四是要造就一支高素质的总编辑队伍,使之能胜任新形势下的"总编辑工作"。

鼎力举办北京高峰论坛

郭德征回京以后和我继续商量关于"加强总编辑工作"的事情,思考下一步怎么办。我对他说:"200 人,确实反映了基层群众、部门的声音。但是,一般性的呼吁或靠媒体报道,效果不显著。要将这些声音更直接地反映给高层领导,咱们可以接着策划一次高峰论坛。"这个想法也得到了中国编辑学会的支持。桂晓风会长非常重视这件事,他参加了烟台会议,所以一向他请示,他就很痛快地表示支持。经过协调,我们拟定高峰论坛由中国编辑学会主办,由中国编辑学会科技读物编辑专业委员会(筹)、中国出版工作者协会科技出版工作委员会、中国编辑学会教育专业委员会(筹)、中国出版工作者协会校对工作委员会联合承办,由高等教育出版社提供场地。我分管的中国编辑杂志社全力支持,还有中国新闻出版报社、新浪网站、网易网站等单位也给予了大力支持。论坛定于 2009 年 12 月 5 日在高等教育出版社举行。

　　之后的策划工作做得很细致。我提出，既然是高峰论坛，演讲人不能多，但要精。总署的有关领导一定要请到，要让领导直接了解具体情况和意见。那么，应该请谁演讲呢？我表示，千万不能变成是咱们总编辑自己进行的一场自娱自乐的活动，一定要设计一下，请曾经当过总编辑的社长来演讲，或者请现在兼任总编辑的社长来演讲，这样更有说服力。最后，为了增强论坛的学术含量，我们邀请了这些人发言：高教社原社长于国华（他兼任过总编辑）；时任中国出版集团党组书记、总经理李朋义（他既当过总编辑，也当过社长）；原出版发行研究所所长郝振省（现中国编辑学会会长）。这个论坛的目的是要把相关情况和意见传达给领导知晓。当时邀请到会的领导有：时任新闻出版总署副署长邬书林，新闻出版总署原副署长、中国编辑学会会长桂晓风，时任新闻出版总署人事教育司司长孙文科，产业发展司副司长张亮，中宣部出版局王萍副巡视员，中国编辑学会副会长兼常务副秘书长袁良喜等。

　　根据桂晓风会长的提议，论坛由我主持。我首先讲解了本次论坛的背景。总编辑工作岗位作为出版单位重要的领导岗位，受到出版社主管主办部门和出版管理部门的高度重视，在出版单位坚持正确出版方向、保证出版物质量、实现社会效益为首并将社会效益与经济效益有机结合等方面，发挥了极其重要的作用。进入 21 世纪尤其是出版单位转企改制以来，对于出版单位设不设立总编辑岗位和总编辑如何开展工作，议论颇多。面对这些议论，虽然烟台研讨会研讨效果显著，初步取得共识，但还不够充分。为了深化和利用好这些研究成果，决定在烟台会议的基础上，在北京举行高峰论坛，精选研讨内容，认真思考，深入分析，形成共识。

　　接着，郭德征在论坛上报告了烟台研讨会的基本情况和初步形成的共识。李朋义做《加强总编辑工作是中国特色社会主义的出版事业的必然要求》的发言，于国华做《关于总编辑工作的思考》的发言，郝振省做《出版软实力要求加强总编辑的地位和作用》的发言。他们一致认为：在出版单位转企改制后，要想坚持中国特色社会主义出版方向，把握出版业特点，又好又快地发展出版社，就必须设立总编辑岗位和加强"总编辑工作"。要想加强"总编辑工作"，就必须转变"总编辑工作"机制，创新"总编辑工作"；就必须理顺法人代表与总编辑的工作关系，保障"总编辑工作"；就必须提高总编辑素质，做好"总编辑工作"。

大家发言后，桂晓风会长在讲话中肯定这次高峰论坛切合实际，抓住了当前编辑工作实践和理论研究中具有全局性影响和长远影响的主要问题，很有现实针对性。他对"总编辑工作"提出了六点要求：第一，要正确面对改革，把出版单位的转企改制看作推进和提升出版社工作的历史性机遇。第二，进一步树立"大文化"理念，在改革和发展中牢记并突出出版单位的文化责任。第三，进一步树立"大编辑"理念，在转企改制后更好地履行编辑队伍的文化责任。第四，要更加自觉、更加有效地履行对编辑工作的总责任，包括出版产品总设计师的责任、编辑质量总把关人的责任和编辑队伍总带头人的责任。第五，无论从宏观政策导向上，还是从微观的组织机构设置、体制和制度上，都要为转企改制后的总编辑履行职责提供必要的保障。第六，要加强"总编辑工作"和总编辑个人素养的研究。

孙文科司长在讲话中强调，柳斌杰署长高度重视出版社转企改制后出版社领导结构的设置和职位名称的规范和统一问题，认为这是出版体制改革不能回避且需要尽快解决的一个问题。孙文科司长称赞这次高峰论坛给他提供了一个很好的学习调研的机会。他认为：出版社转企改制后文化单位的性质和功能没有改变；出版社转企改制后的领导结构设置和职位名称应该符合文化企业的特点并且需要政府进行规范和统一；出版社转企改制后总编辑的地位不能有丝毫的削弱，在领导结构中应该占有重要位置，并作为重要负责人之一纳入企业领导制度体系之中;总编辑的岗位职责和任职条件需要与时俱进,要适应体制变革及企业生产管理的要求,重新进行完善和规范。

邬书林副署长在讲话中认为,高峰论坛达成了共识:转企改制后总编辑的地位更加重要了,而不是可有可无;对总编辑的要求更高了,而不是弱化;总编辑的责任更大了,而不是减轻了。他强调:第一,当前最重要的工作,是按照党中央要求,不折不扣、保质保量做好转企改制这项基础工作。在完成好转企改制工作的同时强化、提升、完善"总编辑工作",而不是说在转企改制工作当中总编辑可要可不要。第二,总编辑要努力提高素质,适应社会主义市场经济要求,适应时代要求,承担起我国从出版大国向出版强国转变的历史责任。要把中国的总编辑职责放到经济全球化、文化多样化、政治多极化、综合国力竞争和软实力竞争日益激烈的背景下去考察。第三,要为总编辑更好发挥作用提供良好的舆论环境、政治环境和工作环境,要把总编辑的地位和作用问题放到重要议事日程上来,找到在实践上解决的途径,并争取在运行上有一定的可操作性。

这次北京高峰论坛除了嘉宾演讲以外,还邀请到近 300 位出版同人参会。演讲者观点鲜明,参会者积极响应,达到了预期效果。

极力促成规范性文件出台

论坛上大家取得的共识,尤其是领导讲话中传达出来的鲜明态度,使我敏锐地感觉到,这件事情还需要进一步向前推进。

也巧,我和孙文科司长比较熟悉,我就利用论坛结束前的间隙与他交流,向他提出建议:"孙司长,领导已经讲话了,下面基层该说的话也都说了。最后您得有个说法啊,光靠会议纪要还不行。最好你们政府部门能够有个规范性文件!"他说:"老张,你这个想法好啊!"我说:"那就要落实到人,要组建一个起草小组。"

论坛结束后,总署就委托时任人事教育司副司长孙宝林(现中国印刷博物馆馆长)和中国编辑学会副会长袁良喜负责这件事情。后来孙宝林找我商量,并确定于2010年6月1日在高教社金马宾馆三楼会议室开会研究此事,并邀请时任高等教育出版社社长李朋义、中国人口出版社社长兼总编辑陶庆军、三联书店总经理樊希安、人民卫生出版社社长胡国臣、中国建筑工业出版社总编辑沈元勤、化学工业出版社总编辑潘正安等几位同志,组成文件起草小组。我和郭德征作为主要策划人,参与了文件的起草工作。

在文件起草过程中,大家又意识到,由人事司发文件加强"总编辑工作",恐怕力度还不够,必须请总署工作关系密切的业务司——出版管理司参与。后来,在文件形成过程中,出版管理司也一起介入工作,并且于2010年9月1日和12月16日两次发文征求意见,最后形成了新出政发〔2011〕5号文件,以新闻出版总署办公厅名义发布。

文件开门见山,强调出版单位作为我国社会主义文化企业和内容生产企业,其意识形态属性不会改变。出版单位转制之后,出版单位的总编辑岗位不能缺失,其地位更加重要、责任更加重大,各出版单位应按董事长(社长)、总编辑、总经理依次配备主要干部。在新的形势下,进一步加强"总编辑工作",把好出版物内容质量关,对于出版单位坚持正确的发展方向,对于社会主义文化的繁荣发展和国家文化软实力的提升,都具有十分重要的意义。

接下来,文件分总编辑岗位设置、总编辑任职条件、"总编辑工作"职责三个部分展开表述,针对性、指导性和操作性非常强。在岗位设置部分,明确要求:"无论是转企改制后成为企业的出版单位还是继续实行事业体制的出版单位,均必须设置总编辑岗位。总编辑属行政职务,为出版单位第二负责人,负责业务工作的领导。中小型出版社可由符合总编辑任职条件的社长兼任总编辑,行使总编辑职责。"并要求:"在总编辑岗位之下,应根据出版规模设置专职或兼职副总编辑岗位,并设置相应的编辑业务部门,形成以总编辑为首的编辑业务工作体系,以保障总编辑领导下的编辑工作顺利开展。"

在工作职责部分,文件除了明确规定总编辑要把握出版导向和出版方向、制订研发计划、保障出版业务流程顺利畅通、保证出版物质量、培养编辑队伍等传统职责要求以外,针对新形势下出版单位面临的新要求、新任务,特别提出总编辑要"负责新技术在出版业务中的运用,促进出版主业的科学发展和提升""协助法定代表人进行经营管理工作,提出出版物营销方案建议,并且推动营销计划的实施""负责出版业务的对外交流与合作工作",要求总编辑要站在出版行业发展的前沿,统领出版业务,适应时代新要求,又好又快发展。

文件下发后,在全国各地反响强烈,大家一致认为,新闻出版总署能够下决心发文,在整个出版行业中强化"总编辑工作",是为出版行业在改革进程中办了一件大好事,为改制过程中大家遇到的是否设立总编辑岗位的困惑提供了答案。有了这个文件,出版社转企改制后,业务的主心骨有了,业务主体有了,责任也明确了。到目前为止,这个文件仍然是指导转企改制后出版单位核心业务工作的一份重要文件,它的出台有着非常重要的历史意义。

非常高兴的是,在这份文件出台的整个过程中,我作为主要策划人之一,自始至终积极参与并做了一些具体的推动工作。平心而论,这完全是责任所系。我一直坚信,无论出版单位怎样改革,编辑主体业务都不能变。主体业务由谁来管?就是由总编辑来管。总编辑不仅要管编辑主体业务,还要参与经营。这和作为一名编辑不仅要看好书稿,还要有经营意识是一样的道理。总编辑是编辑的带头人,必须加强"总编辑工作",特别是转企后更要加强"总编辑工作"。

回首往事,积极推动出台这个规范性文件,是我职业生涯中做的又一件非常有价值的事情。

助推出版社体制改革

　　2009年上半年，中央各部门各单位出版社体制改革如火如荼，明显提速，进入攻坚阶段。中国出版业正处在新中国成立60年来的一次大转制、大重组、大发展的关键时刻，多年形成的格局将会发生划时代的变化。如何认真贯彻落实党中央关于出版体制改革的精神，将思想认识和行动统一到党中央的方针和部署上来，按照路线图和时间表的要求完成本单位的转企改制工作，为大重组和大发展奠定良好的体制基础和机制保障，是对每一个有社会责任感的出版人的现实考验。当时，有些出版单位过多地考虑本单位的局部利益，留恋出版社"事业单位、企业管理"的运营模式，对出版社体制改革行动迟缓。还有个别出版单位无动于衷。对此，我看在眼里，急在心上，一种无形的责任感驱使我思考一些问题。2009年6月初，我约周延召、王剑辉等好友一起在大兴、昌平等处喝茶聊天，慢慢地，我萌发了撰文表达对出版社体制改革的思考的念头，他们都很支持我的想法。开始由周延召起草，写了十几页，拟名为《世易时移，再造出版——关于出版社体制改革的思考》。之后王剑辉做了修改。6月25日，我又请苏雨恒在昌平回龙观龙城饭店对文章进行润色，六易其稿。待7月9日《中国新闻出版报》刊登时，文章标题改为"出版社体制改革要处理好十大关系"，以我个人的名义发表，实际上这是集体的智慧。时任新闻出版总署署长柳斌杰和副署长阎晓宏对这篇文章给予了很高的评价。后来《新华文摘》2009年第17期转载了此文。

这篇文章集中阐述了三个问题,摘录如下:

一、积极投身体制改革是出版人的现实责任

党的十六大把文化建设和文化体制改革提到战略高度,进行了总体部署;十六届三中全会明确把文化体制改革作为完善社会主义市场经济体制的重要任务,确定了公益性文化事业单位和经营性文化产业单位的改革要求;十六届四中全会又鲜明地提出解放和发展文化生产力,并把提高建设社会主义先进文化的能力作为加强党的执政能力建设的五大任务之一;十六届五中全会强调要构建公共文化服务体系,积极发展文化事业和文化产业,创造更多更好满足人民群众需求的优秀文化产品。在此基础上,党的十七大进一步提出要推动社会主义文化大发展大繁荣,在时代的高起点上推动文化内容形式、体制机制、传播手段创新,解放和发展文化生产力,大力发展文化产业,培育文化产业骨干企业和战略投资者,繁荣文化市场,增强国际竞争力;十七届三中全会强调要深入贯彻落实科学发展观,继续解放思想,坚持改革开放,全面推进社会主义文化建设。

重温党中央当时关于文化体制改革的有关方针、政策,认真学习和深入思考中央关于"中央各部门各单位出版社体制改革"的精神和战略部署,我深感作为出版人肩负现实责任的重大。出版社体制改革绝不是一般意义上的调整,而是一次彻底的变革。正如柳斌杰署长所说:体制改革,不是"换汤"和"换药"的问题,而是要在体制上彻底打碎"药罐子"的问题。作为中央部委出版社,有责任在深入学习实践科学发展观活动取得阶段性成果的基础上,进一步解放思想、更新观念,破解影响和制约出版业科学发展的突出问题,创新体制机制,承担起应有的现实责任和社会责任,坚决克服本位思想,旗帜鲜明地做体制改革的推动者和实践者。

二、积极推动体制改革是出版人肩负的历史使命

作为一名出版人,我深切感受到,改革开放以来,虽然出版业有了快速发展,但大多数出版社规模不大,竞争力不强,发展水平与我国经济建设水平和国际地位相比,仍有较大的差距,并不能反映出我国文化竞争力有大的提高。这其中一个很重要的原因,就在于我国现有的出版资源是按照部门、行业和行政的条块化格局进行配置的,这种体制与我国已经建立并不断完善的社会主义市场经济体制存在着结构性的矛盾。地区封锁、行业壁垒、同业无序恶性竞争等现象严重,造成出版单位规模相对较小、资源分散、产品同质化倾向严重,难以产生有强大影响力的文化企业。

以教育出版单位为例,高等教育出版社虽然目前在国内是最大的单体出版社,年销售收入 23 亿元人民币,约合 2 亿多欧元,但在国际上仅排在第 40 位左右,年销售收入相对于贝塔斯曼的 161 亿欧元和皮尔森的 48 亿欧元,差距是巨大的。其实,与国际大型出版传媒集团的差距还不仅仅体现在经济总量上,从体制机制、内容形式到传播手段等方面,我们的差距更大,更需要全方位地追赶。

因此,通过全面体制改革和机制创新,大力解放和发展出版生产力,是我们这一代出版人所肩负的历史使命。否则,我们谈要成为国家文化安全的维护者,则是空洞的;我们谈要成为中华民族文化的传播者,则是乏力的;我们谈要为提升国家的软实力做出应有的贡献,则是苍白的。

三、出版社深化改革加速发展要处理好十大关系

深化中央各部门各单位出版社体制改革是中央的重大战略部署,也是一项复杂的系统工程,涉及面广,情况复杂,时间紧迫,任务繁重,政策性和现实性都很强,需要统筹兼顾、周密安排。同时,转企改制只是刚刚拉开出

版社体制改革的序幕,转制后的出版社无论是在内部机制创新、产业资源重组,还是参与国际竞争、带动中国文化"走出去"等方面都还有很长的路要走。这就需要我们不仅要立足当前,做好重要而急迫的转企改制工作,还要认真思考未来发展,在改革和发展中处理好十个关系等问题。

1. 政府、企业、个人的关系

出版社转企改制后将变成市场经营主体,员工将在劳动关系调整、社会保障机制建立后,真正地由单位人变成社会人,政府、出版企业和个人的利益关系将更加清晰。政府为出版业发展提供政策支持;出版企业承担起推动国家文化大发展大繁荣的历史责任,承担起国有资产保值增值、股东权益最大化的经营责任,承担起符合出版创意产业发展规律的内部激励机制的创新责任;员工要按照职业出版人的标准要求自己,为社会、为企业贡献聪明才智、生产优秀产品、创造经济效益。政府、企业、个人,各负其责,共同承担起我国出版业大发展大繁荣的重任。

2. 社会效益和经济效益的关系

出版行业提供的产品是精神食粮,承担着文化传播的社会责任与文化传承的历史责任,在任何时候都不能忽视社会效益而单纯地追求眼前的经济效益。我们要实现出版社全面协调可持续发展,就一定要着眼长远,坚持把社会效益放在第一位,坚持社会效益和经济效益的统一。正像老一辈出版家叶至善所言:出版人要一不亏心,二不亏本。

3. 数量和质量的关系

转企改制后,出版业将进入一个新的发展时期,出版物数量要增加,出版物质量要提高,数量和质量的关系需引起我们的高度重视。出版企业要发展,没有一定的出版物数量不可能形成一定的业务规模,不足以形成市场力量和社会影响;但衡量一个出版社发展是否又好又快,绝不是仅靠出版物的品种数量和销售码洋这些简单的经营指标,还要看出版了多少能够留下来的传世佳作。更何况出版社作为文化创意企业,其产出的是能够满足广大人民群众不断增长的对精神文化产品需求的优秀出版物,这是出版社核心竞争力的显著标志。因此,决不能以牺牲质量来换取数量。

4. 规模和效益的关系

在出版社体制改革中,要打造一批"航空母舰"和战略投资者,出版企业必须具备相当规模,这是创造规模效益、做强做优的基础。但是,没有效益的规模扩张是无意义的。事实上,那些只有人员数量增长而没有新业务产生的规模扩张是盲目的;那些只有资产增加而没有新业务收入产生的规模扩张是没有效益的。

5. 资源的集中与整合的关系

转企改制后,随着跨地区、跨部门、跨行业的联合、兼并、重组的不断深入,出版资源的集中度会明显提高。这样做能否促进出版业的大发展大繁荣,关键在于出版资源能否得到有效整合。因此,我们在加快体制改革的过程中,一定要下大力气,花真功夫,认真做好出版资源的合理配置和有效整合,进一步优化出版结构,促进出版企业的科学发展。

6. 纸质出版与数字出版的关系

目前,纸介质出版仍是出版社的主体产品形态,而数字出版方兴未艾。传统纸介质出版与新兴数字出版的互动融合,将促进出版产业升级。大文化、大媒体、大编辑将是未来文化、媒体、编辑的发展方向。信息技术迅猛发展,催生着文化传播新形态的不断涌现,出版企业要主动适应这种变化,高度重视并积极促进二者协调发展。

7. "引进来"和"走出去"的关系

社会的发展和科技的进步使世界各国的联系越来越紧密,企业发展的国际依存度也越来越高,改制后出版企业要利用战略机遇期处理好"引进来"与"走出去"的关系,充分利用好国际和国内两种资源、两个市场。一方面,我们要把人类一切文明成果引进来,尤其是要引进先进的科学技术和先进的管理经验,为我所用,打造出版企业的核心竞争力;另一方面,还要以更强的实力、更大的自信、更优秀的出版物打入国际市场,弘扬民族文化,提高中华文化的国际影响力。

8. 软实力与硬实力的关系

出版企业的资产规模、经营条件、信息化水平等硬实力是发展的必备基础,品牌、信誉、经营能力、出版人素质等软实力是出版企业核心竞争力的重要组成部分。软实力使硬实力更硬,硬实力使软实力更强,二者相辅相成,共同提高出版社的综合实力。因此,我们在不断增强出版企业硬实力的同时,一定要重视并不断强化软实力的建设。

9. "有所为"与"有所不为"的关系

在出版企业改革和发展的过程中,突出主业、固本强基是基础,开拓创新、发展新业态是关键,做强做优、又好又快是目标。在出版资源有限的情况下,面对种种诱惑,"有所为"容易做到,难在"有所不为"。出版企业要对自己的主业、辅业、副业有清晰的认识,对具有核心竞争力的业务要做大做强,对辅助性业务要充分利用社会资源,探索多元化发展模式,对没有竞争优势的业务要坚决退出。只有这样,才可能做到合理的"有所为"与"有所不为"。

10. 战略与战术的关系

没有战术的支撑,战略只是空谈;而没有战略,战术就会失去方向。出版企业成为市场经营主体之后,必须按照现代企业的要求去思考战略、实施战术。在制定宏观发展目标和框架性规划等战略时,一定要结合出版企业的实际和行业特点,切不可盲目地谈战略、机械地用理论、草率地做决策。在实施战术时,也要注意措施得当,有效连续,不可将简单问题复杂化,力戒乱折腾。

　　这篇文章发表时篇幅不长，从最初的上万字精减到几千字，它从改革的一个侧面和一个点，说出了出版人立志改革的心声，表明了出版人在大是大非问题面前应持的立场和态度，至今阅读起来也不过时，仍有一种身临其境、置身改革的亲切感。

倡导出版社科学发展

2008 年前后，我国的出版业经历改革开放 30 年后具有了令世人瞩目的巨大变化，成绩斐然，但仍然面临国际化、数字化的严峻挑战，也面临着内部机制和外部体制凸显的各种矛盾，迫切需要用科学的出版观和方法论来指导和解决出版社的发展问题。

为此，《中国编辑》向我约稿，让我结合党的十六大倡导的科学发展观写篇文章。因为当时工作较忙，我请周延召帮忙起草。周延召是人大博士后，擅长写文章，提笔收不住，一气呵成写了 34 页。我看后感觉篇幅太长，请他修改，他删去了 10 页，还有 24 页。我再看，还是感觉长了些。于是我自己动手，联系工作实际，回忆出版业改革开放后走过的不平凡道路，改写成了不到 10 页的稿子。因为限于双月刊的版面，我是杂志的主编，总是让位于别的作者，因此一直拖延未能发表。

整理本书资料时再次阅读这篇文章，重温旧文，感觉依旧如故，遂作为历史资料，收进本书。内容如下：

认真学习科学发展观，总的体会是：科学发展观的第一要务是发展，出版社的第一要务同样也是发展，只有开拓创新、促进发展才是迎接挑战、解决问题的根本出路；科学发展观的核心是以人为本，出版社的发展也应该是以人为本，也只有以人为本才能提升出版社的软实力；科学发展观的基本要求是全面协调可持续,实际上就是要求经济、社会、政治和文化的科学发展,出版社的发展也需要科学规划,只有做到"强"和"好",才能促进科学发展;科学发展观的根本方法是统筹兼顾,出版社的发展也需要统筹兼顾,只有统筹兼顾,才能科学使用出版资源,促进出版社健康发展。

一、发展是出版社的第一要务

现阶段,出版社面临两方面的挑战。一是出版国际化的挑战。随着国际合作和国际市场的日渐成熟,有实力的外国出版机构都渴望涉足中国出版市场,有的出版机构已通过版权贸易、单项合作、联合出版等多种方式渗透到我国的出版市场。我国出版社与国外出版机构比较,无论观念、实力、人才、管理、竞争力,都还处于一种弱势状态。二是互联网的发展已经极大地改变了人们的工作方式与生活方式。数字出版,尤其是互联网出版已经形成强劲的发展势头,日益改变和影响着人们的认知倾向、阅读习惯。这些变化对传统出版业形成了巨大挑战。不发展,就没有出路。

同时,出版社发展中还要面对存在的问题,譬如:①内容同质化,缺乏原创,重复出版,跟风出版,模仿抄袭,产品没有市场竞争力。②质量下滑,一些出版物粗制滥造,思想内容荒诞不经,常识性错误屡出;编校质量不合格、"无错不成书"的理念令人揪心。③结构不均衡,表现在:一是出书种类不均衡,教材教辅出版成为出版社的主要收入来源,占50%以上;二是新旧媒介产品结构失衡,纸质出版物比重过大,成长空间有限,而新媒介产品,如电子、网络出版物等比重过小,不能形成规模。如此等等。

如何应对这些挑战和解决这些问题,唯一的出路就是发展。如果我们强大,就不会担心挑战,反而视挑战为机遇,在挑战中我们会得到更多的利益和资源;如果我们做得好,就会自觉克服发展中出现的问题,而问题的解决又意味着新的发展。我们如何强? 如何好? 根本的途径就是发展。更何况,这些挑战和问题都是发展过程中出现的问题,也只有在发展过程中才能得到解决。因此,发展是出版社的第一要务。

文化的大发展大繁荣需要出版社的大发展。出版社作为文化传播与传承的主流媒体,它的大发展既是文化大发展大繁荣的推动者,也是文化繁荣与发展的一个标志,文化的大发展大繁荣需要出版社的大发展。

二、以人为本,增强出版社软实力

出版社软实力作为国家文化软实力的重要体现,在增强国家软实力过程中,提高出版社软实力尤其重要。出版社软实力是出版社综合实力的重要组成部分,是出版社发展的内在动力。具体说,出版社的软实力由出版社员工的凝聚力、领导的决策力、干部的执行力、企业文化、品牌、社会环境资源、作者群、受众群等组成,而出版社员工的核心是编辑。这里主要针对编辑展开讨论。

近些年,出版社发展速度迅猛,出版社软实力,特别是在编辑人员职业素养和能力方面存在的问题比较突出:编辑职业素养不够,职业准入把关不严。编辑本来是为社会所尊崇的职业,它既有对文化知识方面的要求,又有对编辑业务技能的要求。但近些年在有些出版社,出现只要有个学历就能从事编辑工作,只要进入编辑行列,就能当策划编辑、做责任编辑,甚至从事复审工作的现象。从这个意义上讲,新闻出版总署出台责任编辑准入制度,非常必要。具体表现在:一是策划编辑"策划"不到位。策划编辑不仅应有专业知识的积累,更要有宽广的知识面;不仅要有单维度的透视力,还应该有全方位多维度宽阔的视野;不仅要懂得核算,更要懂得预测;不仅要熟悉作者市场,更要熟悉读者市场。但在现实中,有些出版社编辑策划选题时,出现策划同质化、选题重复、跟风运作、库存增加,导致出版资源浪费。二是文字编辑"加工"不到位。文字编辑不仅要有深厚的文字功底,还应拥有综合知识,尤其是与所编辑的图书内容相关的知识;不仅要有与作者沟通的能力,还应具备对文章进行深度加工的能力。因为文字编辑"为人作嫁衣",其功能实际上是作者功能的延伸。但在现实中,文字编辑"加工"不到位,出现只要有学历,认识中文字,就可以上岗,甚至把文字编辑作为社内调剂工作的"蓄水池"。能看书稿就是文字编辑,从而导致书稿编辑加工质量不高、粗制滥造、语句字词错讹频出等编校质量问题。三是编辑介入营销不到位。随着出版社转企改制的深入,出版社都把市场营销放在重要的位置,要求编辑介入市场营销,关心订单,通过销售部门实现订单。但现实中,编辑介入市场营销不到位,书生气十足,想当然的东西太多,缺乏市场竞争力。

因此,贯彻科学发展观,以人为本,增强出版社软实力,首先要以编辑为本。在出版社,编辑工作是出版工作的中心环节,编辑人员是产品的总设计师。抓住了编辑,就抓住了根本。以编辑为本,就要坚持新闻出版总署倡导的责任编辑准入制度,对不具备编辑素养、不具备编辑基本知识的人员,不能上岗,严格把好编辑职业准入的关口。以编辑为本,还要不断加强各类编辑的职业培训,坚持岗前入职培训和在岗继续教育培训。通过培训,提高编辑的素养和编辑的水平。同时,以编辑为本,也要加强对编辑业绩的考评,编辑的考核结果是对编辑进行奖励、晋升等的重要依据,这实际上是对编辑现有业绩和软实力的评定,它决定着编辑业务的导向和发展。

三、做强做好,促进出版社全面协调可持续发展

贯彻科学发展观,在出版社就是要全面而不是片面地、是协调而不是失衡地、是可持续而不是透支性地推进出版社的发展。全面、协调、可持续三者是相互联系的,从发展是第一要务意义上讲,它们是相通的,是研究出版社科学发展问题的基本要求。

目前，我国出版社都处于转企改制时期，面对这个时期特有的复杂性和不确定性，有些出版社由于多方面的原因，急功近利，追求单一经济指标，没有很好地做到全面协调可持续发展，给出版社发展带来了严重的危害。这突出地表现在片面追求码洋忽视产品质量，规模上大而不强，速度上快而不好。具体如下：

1. 片面追求码洋

近一个时期，一些出版社奉行"码洋至上"的出版哲学。社内各种各样的报表，一串串令人眩晕的数字，社外各种新闻活动，大多都以数字码洋为基础。"以码洋论英雄"，以码洋快速增长炫耀出版社发展，以至于业内也以码洋评价出版社的大小、业绩，如此等等。当然，在出版社传统的纸质图书出版时代，码洋的评价标准一度为出版社的发展带来了动力，做出了一定的贡献。但现在，数字时代到来，再片面追求码洋显然落后，更何况片面追求码洋已经出现了很多问题。例如：有的出版社造货码洋大，发货码洋大，但退货和库存码洋也大，几乎对等。为追求码洋，无奈提高定价，给消费者带来负担；为了把书销出去，无奈降低折扣。这种高定价、低折扣导致出版社之间、出版社与销售商之间的折扣战越来越激烈，随之欠款越来越多，回款越来越难，形成慢性自杀。

2. 无限度扩张规模

有些出版社一味追求大，无限度扩张规模，信奉"数量第一"。具体表现在码洋、人员、机构等方面多以外延式膨胀为主要特征，不是内在有机的生长，而是数量的无序叠加。除码洋的片面追求导致出版社大而不强之外，机构和人员的膨胀，出现部门林立、人浮于事，增加了机构之间的内耗和人员之间的无规则竞争也是一个突出的问题。严重者又产生部门之间各自为战，争抢资源。有些资源自己不使用，也决不让别人使用，造成有限出版资源的极大浪费。资源不聚焦，不能形成合力，犹如散射的礼花弹，漂亮好看，却没有炮弹的威力。还有,盲目上马新项目,投入生产,缺乏论证,效益不明显,不仅没能为出版社发展增加效益,反而成为负担。这是典型的大而不强。

3. 一味追求速度

适宜的速度是出版社发展的标志,但一味地追求速度,违背出版规律,搞"大跃进",对出版社的全面协调可持续发展极其有害。但在现实中,年度增长率是不可回避的一个考核指标。有些出版社为了追求快速度,盲目增加新书品种。新书品种的过度增加给现有的编辑带来工作量的翻番。编辑为了完成工作量,无奈只能降低出版物的编辑含量,编辑含量的降低又直接影响到出版物的出版质量。这是典型的快而不好。

大而不强,快而不好,不强不好,是出版社不能科学发展的症结所在,也是很多出版社存在的普遍现象。如何做强做好,是出版社科学发展亟待解决的课题。所谓强,是指出版社综合实力,尤其是竞争力强;所谓好,是指出版社的产品质量好、效益好。强表现在出版过程中,是好的决定因素;好体现在出版成果,是对强的检验。出版社要实现科学出版,就必须在"强"字上做文章,在"好"字上下功夫。

根据有些出版社的经验和体会,一切工作"强"字当头,从而提升出版社核心竞争力,这需要做好五个方面的工作:一是巩固发展已有的核心业务,保持核心业务的传统优势;二是开拓发展新的核心业务,确立新的核心业务的优势;三是提升获取外部出版资源的能力;四是加强市场化组织建设,促进核心竞争力的提升;五是加强信息技术建设,增强出版社核心竞争力。

在"好"字上下功夫,首先需要有个好的评价体系。也就是说,在出版社的评价体系中,一定要贯穿一个"好"字。对出版社的评价,既有对出版社内部的绩效评价,也有对出版社整体的评价。无论哪一种评价,都要贯彻"好"

的标准,切实注重"质量好,效益好",把"好"字作为指挥棒,把出版社的各项工作引导到"好"字上来。

　　总之,思考出版社科学发展中的一些问题,不一定正确,目的是抛砖引玉,和大家一起共同探讨在出版社的发展中,如何破除阻碍、落实科学发展观的观念,纠正偏离科学发展观的行为,自觉地用科学发展观来指导我们的工作。

"经典中国国际出版工程"秘书处工作回顾

　　为鼓励和支持出版单位更多地出版一些适合国外市场需求的外向型优秀图书,有效推动中国图书"走出去",原新闻出版总署自 2009 年启动了"经典中国国际出版工程"(以下简称"工程")。这是一项重点工程,对加强中国优秀文化作品对外宣传推广发挥了重要作用。由于特殊机缘,2011 年至 2013 年三年,我曾经在"工程"秘书处做了一些事情,为"工程"工作顺利推进贡献了自己的一分力量。这在我的出版职业生涯中时间虽短,但却是记忆犹新的一段历程。

接 受 任 务

　　2011 年 2 月,春节刚过,我向中国编辑学会桂晓风会长汇报工作。那个时候,我兼任中国编辑学会副会长,同时又是中国编辑学会教育专业委员会的筹委会主任。桂晓风会长在谈话中提起他正面对一件比较挠头的事情。

　　原来"工程"自 2009 年启动实施以来,一直由中国编辑学会承担具体的事务性工作,负责这些事务性工作的是原新闻出版总署人事司已退休的司长李敉力。但是,到 2010 年年底,李司长由于家庭事务较忙,不得不辞去

向桂晓风会长汇报工作

"工程"的相关工作。2011年，"工程"申报工作眼看就要开始，桂晓风会长一时找不到合适的单位和人选来接管，所以十分着急。当然，他和我讲述这件事时，虽然没有向我直接提出要求，但隐含着希望高教社接手这项工作的意思。

说实话，当时我内心的确有些为难，也有些纠结。因为此时我已经61岁，到了退休的年龄。而且，当时我兼任的社会职务也比较多，如中国版协编校工作委员会主任、中国编辑学会副会长兼教育工作委员会主任等，事务也很繁忙。但是，"工程"的相关工作，李司长离开以后不能间断，也是实实在在的问题。后来，我把情况向时任社长李朋义做了汇报。他非常明确地表示支持我把这个任务接下来。

这项工作若能做好，确实有助于扩大高教社在业内的影响力。因为"工程"和当时的新闻出版总署、中国编辑学会以及全国的出版社同行联系很紧密;同时,"工程"聘请的专家,与高教社文科业务依靠的专家有很大的重合,可以借此机会加强与专家的联系。另外,当时高教社海外合作部的孙云鹏正在新闻出版总署对外交流与合作司借调,比较熟悉这项工作,可以发挥他的作用,办公地点可以借用高教社为中国版协编校工作委员会提供的办公室,与编校工作委员会合署办公。

办公和人力条件基本具备,我想,反正我已经承担了那么多社会工作,再加一项也无妨。"放养一群羊,多一只两只也无所谓",出于这样一个朴素的想法,我最终把这项任务接了下来。

事情虽然答应下来,但是对于"工程"工作的具体细节我并不十分清楚。既然要做这件事,就不能莽撞糊涂。2月底说定以后,3月4日,我先找到高教社海外合作部肖琼主任,向她询问有关情况,并请她帮助搜集"工程"申报评审工作的详细材料。借此机会我也对"工程"做了进一步的了解:"工程"是由新闻出版总署直接抓的一项推动中国图书"走出去"的国家工程,它和国务院新闻办的中国图书对外推广计划是并行的,旨在通过"中国经典"把中华民族的伟大创造介绍给全世界,让中华文明为人类进步事业做出更大贡献,也让世界更好地了解中国,扩大中华文化的国际竞争力和影响力。

"工程"采用项目管理方式资助外向型优秀图书选题的翻译和出版,重点资助"中国学术名著"和"中国文学名著"两个系列的高水平优秀选题出版物。前者主要涵盖哲学、政治、法律、经济、军事、历史、语言、文艺理论等社会和人文学科领域,后者主要涵盖诗歌、小说、戏剧、散文杂著等领域。申请项目的出版物限于实物图书,不包括音像制品(随书配送的音像制品除外)。申报者限于出版集团、出版社(不含中国港、澳、台地区),杂志社和动漫公司不列入申报范围。申报的项目应有版权输出或合作出版的国外出版单位,已签订版权输出或合作出版协议,并能保证在三年内完成该项目的出版工作。

2009 年 10 月,"工程"启动。为了确保"工程"顺利开展,原新闻出版总署专门成立了以时任署长柳斌杰为主任、时任副署长邬书林为常务副主任、时任中国编辑学会会长桂晓风为副主任的评审委员会。评审委员会办公室设在原新闻出版总署对外交流与合作司。中国编辑学会受总署委托承办接受项目申报和前期审核等具体事务性工作。

评审工作的基本任务就是挑选最能代表中华文化真谛、最能反映中国创造精神的经典著作,推动其向世界展示。整个评审工作分为专家组评审和评审委员会终评两个阶段。评审委员会在对候选项目进行终审后,根据每年资助的总金额和申报项目的实际情况,决定资助项目名单和资助金额。

"工程"得到了社会各界广泛关注和各地出版单位的热烈响应。2009 年有 56 家出版社的 113 个出版项目入围,2010 年有 53 家出版社的 97 个出版项目入围。

在新起点开展工作

了解情况以后,因为马上就要启动 2011 年度的项目申报工作了,时间相当紧,于是,2010 年 3 月 7 日,我马不停蹄地带着肖琼一起到总署,主动与有关部门联系,做好接手准备工作。3 月 8 日,我在社里进行动员,主要召集了海外合作部肖琼和孙云鹏,中国版协编校委秘书长肖娜,《中国编辑》编辑部主任陈虹和编辑关迎春几个人,请他们支持协助把这件事情做好,具体工作从 2011 年接受项目申报做起。同时,也要兼顾 2009 年、2010 年已经启动的两批项目,对其进行摸底,看到底是什么进度,特别是 2009 年的项目已经到了该结项的阶段。为此,秘书处制定了 2011 年申报任务倒推时间表和结项工作时间表。

总署与我们同步开展工作,2010 年 3 月 9 日即下发了《关于申报 2011 年度"经典中国国际出版工程"资助项目的通知》。通知中要求把材料寄送到高教社马甸办公区北京西城区德外大街 4 号 C 座 501 室,联系人为孙云鹏、关迎春。根据我们的提议,3 月 23 日,总署又发了一个关于"工程"项目 (2009、2010)进度统计以及结项工作的通知。我们边工作边熟悉情况,"工程"相关工作就这样仓促上阵,开展起来了。

但是,正式和李粎力司长交接,是 3 月 29 日在原新闻出版总署九楼会议室进行的。李粎力司长把他们做过的工作,他们的经验以及需要注意的地方,都做了清楚的交接和交代。我在发言中谈了对这项工作重要意义的理解,然后讲了下一步的工作设想,并在最后表态:当务之急是一定要先把 2011 年项目申报评审工作抓好。

交接会上还明确了"工程"工作的组织架构。"工程"办公室设在总署对外交流与合作司。时任司长张福海兼任办公室主任,我和陈英明副司长兼任副主任,时任司对外交流处处长赵海云、借调人员吴琳为办公室成员。办公室下设秘书处。秘书处设在中国编辑学会,办公地点在高教社。秘书处由我负责,我兼任秘书长,肖琼兼任副秘书长。

我接手"工程"秘书处工作以后,主要做了下面几件事:

一是健全秘书处机构。前面提到的孙云鹏、关迎春等同志,除了他们在高教社各自所在的部门以外,同时兼顾秘书处工作。与此同时,在高教社马甸 C 座 5 楼 501 室墙面上张贴了醒目的"经典中国国际出版工程"十个大字,办公室外面挂了"经典中国出版工程办公室秘书处"的牌子。这样,秘书处办公室就在高教社建立起来,开展工作有了"根据地"。

二是汇总材料并归档。为了推动"工程"工作更加系统规范地开展,秘书处的同志们把 2009 年和 2010 年项目申报的样书以及有关材料从总署运到高教社,全部汇总,分门别类加以整理,存放在专门的柜子中,进行档案化保管,以便随时查阅调用。

三是做好申报受理和评审服务工作。这是秘书处的核心工作。第一,认真负责地完成申报受理和前期审核工作。项目评审工作分成前期审核、专家组初审、评委会终审三个环节。其中前期审核工作交由秘书处负责。第二,协助总署建立专家库。依据 2009 年、2010 年"工程"项目聘请的评审专家名单,还有桂晓风会长提供的项目专家库,以及高教社掌握的人文社会科学专家信息等,秘书处很快汇集了学科覆盖全、学术水平高、人员规模大的备选专家资源。第三,协助组织评审工作。这项工作包括协助邀请专家、准备材料、承担会务工作等。2011 年到 2013 年的三年间,初评会大都安排在 5 月份,地点在"中国职工之家"。会务工作、邀请专家等由关迎春负责。2013 年,王琦也一同参加工作。材料准备由孙云鹏负责。

2011 年是秘书处工作最为紧张的一年。因为这一年的项目申报评审工作比较特殊,节奏比较快。3 月份下发通知,4 月份就要求各出版单位提交材料。在此期间,总署对外交流与合作司还下发了一个《关于调整 2011 年"经典中国国际出版工程"项目申报截止日期的通知》,将申报截止日期由 4 月 15 日调整为 4 月 30 日。5 月份即开会初评。2011 年度的项目评审工作刚刚结束,11 月 28 日,紧接着又发出通知组织 2012 年的申报。自此之后,"工程"项目申报评审工作才逐渐步入正轨,均是上一年年底或当年年初启动这一年的项目申报工作。

2011 年秘书处工作之所以紧张的另一个原因是:"工程"还面临 2009 年第一批项目的结项工作。

为规范结项图书的出版,同时对"工程"进行有效宣传,总署对外交流与合作司于 2011 年 3 月 16 日发布了《关于发布和使用"经典中国国际出版工程"标识、英文名称的通知》，落款是"经典中国国际出版工程"办公室。新闻出版总署对外交流与合作司代章。这里补充一件事：为便于开展工作，"工程"办公室一直想申请制作一枚公章，中国编辑学会还于 4 月份向总署对外交流与合作司发去《关于申请办理"经典中国国际出版工程"工作委员会办公室公章的请示》。但由于种种原因，公章的事情搁置了，"工程"相关信息暂时由总署对外交流与合作司直接发布。实际上，到移交工作之前一直没有制作专门的"工程"办公室公章。该文件是"工程"迄今为止唯一一份这样落款的文件。

2011 年，由于刚刚接手这项工作，秘书处上下都十分重视。在项目申报和评审过程中认真对待每一个环节，尤其是第一次在"中国职工之家"召开的初评会，秘书处的同志们连续两天不间断地整理专家评审意见和选票，汇总数据，从而保证评审高效有序地进行。当年桂会长对评审工作也特别上心，在 6 月份的评审会上，他的《2011 年"经典中国国际出版工程"项目前期审核工作和专家组评审工作汇报》就至少五易其稿。

这一年的评审会结束后不久，时任总署对外交流与合作司司长张福海就召集并主持会议。会上总结了申报工作的情况，并就有关问题做了指示，包括确定资助等级和计算语种的原则、方法等，还将"工程"资助项目范围由"中国学术名著"和"中国文学名著"改为"中国学术系列"和"中国文学系列"。2011 年 8 月，秘书处在准备来年的项目申报工作之前，也向总署对外交流与合作司提出了评审工作的几点建议，包括评审专家构成、评审流程、项目申报渠道、结项延期等几个方面，其中大部分建议被采纳了。

2011 年度最终评审结果是，有 30 家出版社 46 个项目入围。2012 年有 58 家出版社 91 个项目入围。

2012 年的另外一项重要工作是，全面启动"工程"结项工作。当年，秘书处向全部应结项的负责单位进行了电话或电子邮件通知,对 2009 年至 2011年最终接受资助的共 252 个项目的进展情况向总署对外交流与合作司进行了汇报,并加大对结项单位的催促力度。11 月,为进一步全面、准确掌握"工程"项目的执行情况,做好下一步各项工作,总署下发《关于全面开展"经典中国国际出版工程"项目进度检查的通知》。随着时间的推移,结项工作不断推进,"工程"的成果逐渐增多,效果逐步显现。

这一年,"工程"还通过了审计署新闻报刊审计局的审计。秘书处为总署对外交流与合作司整理了 2010 年至 2012年期间的所有通知、会议记录、项目名单、人员名单等档案的电子版。

2013 年,是党的十八大以后"工程"第一次组织和受理项目申报的年份。这次的项目申报和评审具有鲜明的特点,表现在以下两个方面:

首先,对"工程"的定位做了进一步阐述。"经典"二字,不能狭隘地理解为只是推出已被历史认定的传统经典,而主要是强调品质,重点是指能产生世界影响的当代高品质作品。因此,在操作层面,扩大了资助门类和申报主体范围。在门类上新增科技类和少儿文学类,并单列了对外汉语教学类(过去包含在语言大类中),着力打造四个方向的品牌图书:中国主题图书、有国际影响力的中国作家的代表性作品、对外汉语教材(特别是能够进入外国国民教育体系的教材。2013 年首选了人民教育出版社、高等教育出版社、北京语言大学出版社和云南大学出版社等 4 家出版社进行试申报)、中国优秀传统文化图书。在申报主体上,首次列入海外出版机构。

国外的出版机构可以直接申请,这是很大的一个突破。充分说明党的十八大以后国家在"走出去"方面,更加重视国外受众的需求和接受心理,从实际情况出发而不是从主观愿望出发;也表明国家更加重视展示中华文化的丰富性和多样性。

其次,对"工程"的意义认识有新的提升,资助力度显著加大。2012 年年底,中宣部的主要领导到新闻出版总署考察工作,感到"工程"工作卓有成效,充分肯定了出版"走出去"的成果,要求把这个平台打造得更大,拓展得更宽,延伸得更广。决定把出版"走出去"纳入"传播力工程"建设。2013年拨付2000万元专款用于资助版权输出,尤其是当代文学作品的版权输出。这样,加上"工程"原有财政拨款1500万元,"工程"资助总额达到3500万元,是"工程"开展以来最多的一次。

在这样的大背景下,2013年"工程"工作取得了新的进展。这一年申报数量突破了500项,最终共有86家出版社165个项目入围,其中包含两家国外出版机构的3个出版项目。

需要说明的是,为了加大对文学作品"走出去"的扶持力度,2013年6月,在"经典中国国际出版工程"中又特别增设了专门针对"名家名作走出去"的子板块。10月,经过评审,确定了首批82个"经典中国国际出版工程"(作家版)项目入围,获得资助。

随着时间的推移,秘书处的工作环境和人员发生较大变化。2011年9月,肖琼离开高教社去了中国教育出版传媒股份有限公司。2012年1月,我正式办理退休手续,不便再调动社内资源开展工作。同时,借调到总署工作的孙云鹏当年也回社工作,与总署有关部门的联系自然也就不那么密切了。2013年3月,关迎春从《中国编辑》离职,同时离开秘书处(5月份应邀参加了当年的初审会)。接替关迎春工作的是王琦。王琦由于家中有事,她事先约定6月份离开秘书处。应急之下,我只好请朱朝清(当时刚退休)到秘书处帮忙,与王琦一起工作了一段时间。

2013年6月将面临2014年申报工作启动。我考虑再三,感觉不宜继续承担"工程"秘书处的工作。所以,在年度项目评审工作结束后(5月份),我给桂晓风会长打了电话,并发了短信,提出了我的一些想法。我说,由于诸多因素,我不能继续承担这项工作了,2014 年申报工作即将开始,请学会考虑由新的部门和人员接手这项工作。桂晓风会长非常慎重,并未立刻回复我。一周以后,也就是 6 月 26 日,他给我发来了回复短信,短信原文如下:

(拟复增顺,草稿)增顺,短信收读,此前肖琼给我的短信也收读。你从一开始就参加经典中国工程,后来又承担起日常工作的重要任务,倾注心血,倾注精力,筹划组织,领导操作,并且在力所能及的范围内,调动多年积累的各种资源,为工程实际工作的运行创造条件。对你的独特作用和贡献,外事司领导和我都有深刻感受。你在上次电话和这次短信中表达的心情我很理解,所提建议也是真诚和负责任的。我将尽快与福海司长沟通并商议,然后与你联系。不管怎样,我想我们共同的愿望是你能用一定方式,继续为工程贡献感情和智慧。

桂晓风会长在回复中对"工程"秘书处的工作给予了充分的肯定。这是秘书处同人共同努力的结果。在此,我要衷心感谢秘书处的同志们,是你们支持了我的工作,支持了高教社的工作!

到了 2013 年 10 月,根据有关部门安排,"工程"秘书处的工作移交中国版本图书馆。具体交接工作我委托朱朝清负责。据说,仅申报的样书及有关档案资料就有几十箱,都运往了中国版本图书馆。

秘书处的工作移交中国版本图书馆后,2014 年度的项目申报和评审工作均由中国版本图书馆负责。我个人以专家身份,于 5 月 29 日下午参加了项目终评会。地点在原国家新闻出版广电总局宣武办公区(宣武门外大街40 号)1502 会议室。这也是我爱人杨秀喜患重病在北京大学肿瘤医院住院期间我出席的唯一一次社会活动。

负责"工程"秘书处工作虽然时间不长,只有三年,但给我留下的印象很深,是一段非常难得的经历。因为这是在关键时候为中国编辑学会,也为桂晓风会长遇到的挠头事情解了围。同时,也为中国出版"走出去"做了一点力所能及的开创性工作。我感到很欣慰。

灾后援建绵阳日报社办公大楼

　　"5·12"汶川特大地震虽然已经过去多年,但回想起来,震后一幕幕惨烈的场面犹在眼前,全国上下勠力同心抗震救灾的许多情景仍然历历在目。灾区人民的生命安危,牵动着全国人民的心;灾后生产生活设施的恢复重建,也同样是中华民族大家庭中每一个成员牵挂的事。一方有难,八方支援,是中华民族的传统美德。高教社历来重视社会责任担当,在汶川地震这样的大灾难面前,更是义不容辞。在灾后援建绵阳日报社办公大楼的工作中,高教社很好地发挥了自己的作用,做出了应有的贡献。

绵阳日报社事迹感动中国

　　"5·12"汶川特大地震给绵阳日报社造成了巨大损失,办公大楼成为危楼。经绵阳市震后房屋应急检查组和市建设系统抗震救灾应急检查专家组鉴定,办公大楼必须停止使用,建议尽快拆除。

　　面对严重灾情,绵阳日报社全体员工临危不乱,沉着应对,不畏时艰,不辱使命,坚持在车库和临时帐篷中办公长达3个月之久。他们千方百计保证正常出报。其事迹先后在《中国新闻出版报》《中华新闻报》等全国多家媒体报道,得到了中央有关领导的充分肯定。报社先后被评为"四川省抗震救灾模范集体""全国新闻出版行业抗震救灾先进集体"。还获得了"中国金长城传媒奖·2008特别奉献奖""影响中国十大地市报"等多项全国大奖。

绵阳日报社全体员工坚强不屈的事迹打动了党和国家领导人。2008年6月1日，受时任中共中央总书记胡锦涛委托，时任中央政治局常委李长春，时任中央政治局委员、中宣部部长刘云山亲自前往绵阳日报社，在车库和临时帐篷中看望、慰问绵阳日报社全体职工，对绵阳日报社全体员工牢记使命、坚守岗位、顽强拼搏的敬业精神给予高度赞扬，送去了战胜灾难、克服困难搞好灾后重建的巨大信心和力量。李长春一行先后到报社夜班组版室、技术保障部与编辑、组版员及其他工作人员一一握手，详细询问报纸组版出报情况。离开帐篷时，李长春动容地对报社全体职工说："看到大家在温度很高的帐篷里面坚持办好绵阳日报，很受感动，谢谢大家！"

时任新闻出版总署署长柳斌杰前往绵阳，关心落实绵阳日报社的重建项目。他千方百计帮助争取国家政策支持，安排落实对口支援单位，并迅速派出财务司孙明司长专程来到绵阳日报社，查看灾情，指导灾后重建。

在各级党委、政府的亲切关怀下，绵阳日报社灾后重建工作顺利推进。"10 000平方米采编用大楼建设"项目，先后列入"国家汶川地震灾后恢复重建总体规划"、国家发改委等11部委"汶川地震灾后恢复重建公共服务设施建设专项规划"和新闻出版总署"新闻出版业灾后重建规划"对口支援重点项目，并落实高等教育出版社、人民教育出版社、人民卫生出版社三家为对口援建单位。

为迅速落实和实施恢复重建规划，新闻出版总署于2008年11月5~6日在四川成都望江宾馆召开了新闻出版系统对口援建工作会议。会议要求各援建单位主要负责同志参会。刘志鹏社长因故不能到会，遂由我代表高教社参会。

11月4日，我一到四川，柳斌杰署长的秘书就对我说："柳斌杰署长很关心你们高教社,想听听情况。"那天要向柳斌杰署长汇报工作的地方领导很多,真正等到他有空见我的时候,已近夜里 12 点。我先把 10 月 24 日从法兰克福书展完成出访任务回社后了解到的一些情况向他做了简要汇报,接着谈到对口援建的话题。柳斌杰署长要求高教社在此次对口援建工作中发挥好作用。我当即表示,一定会把这项任务完成好。

在见到柳斌杰署长之前,绵阳日报社为争取援助所表现出来的那种迫切而又真诚的心情,给我留下非常深刻的印象。记得 11 月 4 日那天,我到达宾馆大概是下午 6 点,绵阳日报社社长、总编辑李涛,副社长朱建明,纪检组组长唐元贵三位同志,一直在门口关注我什么时候到来。原来,他们早就下定决心,一定要等到高教社的总编辑,当面好好反映情况。不仅如此,他们还邀请四川省新闻出版局段建玲副局长和高教社的经销商敖波一起跟我会谈。为了和大家见面,我晚饭都顾不上吃。一见面,绵阳日报社和四川省新闻出版局这几位领导同志就向我讲述这次地震所遭受的损失,大家是如何克服困难坚守岗位和中央领导对灾区的关怀以及对他们工作的肯定,等等。同时还特别说明,绵阳日报社全体职工听说在总署给出的援建方案中,高等教育出版社、人民教育出版社和人民卫生出版社三家出版单位要联合资助他们 1000 万元,大家都对此感到非常振奋,表示一定要珍惜机会,加倍努力,做好恢复重建工作。我听了这些深受感动。我请他们代为转达我们对绵阳日报社全体同志的慰问,并表示高教社将尽全力支持绵阳日报社灾后恢复重建工作。同时,我还将与人民教育出版社、人民卫生出版社协商,共同做好绵阳日报社办公大楼的援建工作。

第二天,即 11 月 5 日上午,新闻出版总署正式召开援建工作会议。时任新闻出版总署副署长孙寿山主持会议。柳斌杰署长以及其他相关领导做了动员讲话。下午参会人员讨论具体落实援建任务。第三天,即 11 月 6 日上午,会议安排我代表参会的中央级出版社在大会上发言。我主要讲了三点:第一,援建灾区是党中央国务院交给我们的一项重要任务,也是出版社履行社会责任的一次机会,高教社一定站在服从大局的高度,责无旁贷。虽然我们从教育口已经捐助了 2000 万元码洋的图书,还通过民政口、特殊党费等多种渠道向灾区人民进行了捐助,但是与党和国家的要求、灾区人民的期盼相比,还有差距。第二,绵阳日报社坚强不屈、迎难而上的精神,是打动高教社积极援建的又一重要原因。我们感动于他们身处抗震救灾第一线,在那么艰苦的环境中,还在坚持出报;也感动于绵阳日报社领导和职工们渴求援助、尽快重建的迫切心情。第三,既然同意支援,就要把事办好,痛痛快快,积极主动圆满地完成援建工作。回去之后,我会第一时间向教育部汇报,向社务会通报,并组织专门人员落实好援建工作。

圆满完成援建工作

在四川召开的援建工作会议,人民教育出版社尹鸿祝副社长参加了,人民卫生出版社没有代表参会。会上,对于 1000 万元在三家单位中如何分配,仅仅是达成了初步意向。回到北京后,我主动与人民卫生出版社胡国臣社长沟通,说明会议情况,积极推动援建工作的落实。后来,经过新闻出版总署协调,高教社、人民教育出版社分别捐款 400 万元,人民卫生出版社捐款 200 万元。在此过程中,我积极做好高教社内部的沟通工作,与刘燕书记充分交换看法,一致同意新闻出版总署的协调结果。因为是重大项目,支出金额较大,所以要按照"三重一大"审批程序,提交社务会讨论。结果得到了社务会成员的大力支持。于是,高教社很快形成最终决定,拿出 400 万元款项来对口支援绵阳日报社办公大楼重建工作。

在此期间,绵阳日报社的同志前前后后六次来到北京,沟通落实援建协议的具体事项。只有签订了协议,财务部门才能根据协议支出援建经费。对于这几次沟通,我代表高教社积极承担了穿针引线的工作。人民教育出版社和人民卫生出版社态度也非常明朗,都很支持,事情进展顺利。2009年7月3日,在新闻出版总署十五楼会议室,对口援建工作正式签订协议。时任新闻出版总署署长柳斌杰、副署长孙寿山,时任人民教育出版社社长李志军,人民卫生出版社社长胡国臣,四川省委宣传部副部长邬吉祥,四川省新闻出版局副局长段建玲,绵阳日报社党组书记、社长、总编辑李涛等人出席协议签订仪式。在协议签订仪式上,我代表援建单位发言,表示"对口援建是光荣的政治任务,一定要保质保量完成援建任务,及时兑现承诺,落实援建资金"。

协议签订以后,高教社按协议要求及时拨款。同时,我还极力促成人民教育出版社、人民卫生出版社两家单位按时将援建资金落实到位。绵阳日报社方面,重建办公大楼在四川省内也要走程序,办一系列手续,但资金足额到位是第一步。

经过各方共同努力,2009年11月16日,绵阳日报社新办公大楼终于破土动工。我和时任人民教育出版社副社长殷忠民、新闻出版总署办公厅副主任朱伟峰受邀参加开工奠基仪式,并分别代表三家援建单位讲话。我动情地说:"绵阳日报社在办公大楼成为危房,办公设施设备严重毁损,陷入极端困难的情况下,全体员工坚持在车库、帐篷中办公达3个月之久,把党和政府的声音、抗震救灾的举措以及灾情信息及时传递到广大群众之中,受到中央政治局常委李长春同志的高度赞许。绵阳日报社不畏时艰、坚守阵地、坚持出报的敬业精神和壮举令我们十分感动和敬佩!……对口支援灾区是我们出版人完成党和政府交给我们的一项光荣任务,体现了'出版人'履行社会责任的担当,表达了对灾区人民的爱心!"

两年后,2011年11月27日,绵阳日报社新办公大楼竣工典礼之时,我

2009 年 11 月,顶着大风出席绵阳日报社新办公楼奠基仪式

已从高教社总编辑岗位上退下来了,宋永刚书记代表高教社出席了庆祝活动。绵阳日报社为了表达感激之情,在新建的办公大楼前立了一块感恩石,上面镌刻有高教社的名字。感恩石也因此成为高教社支援灾区恢复重建之举永远的丰碑。至此,援建工作画上句号,圆满结束。

绵阳日报社办公大楼灾后援建工作虽然仅仅是一项具体工作,但是非常有意义。回顾整个历程,我有以下几点体会:

一是在出版社需要体现社会效益的时候,社领导一定要当机立断。我们平时总强调社会效益,讲公益事业捐赠,这不能停留在口头上,尤其是在援建绵阳日报社这种大是大非的问题上,决策时应该态度鲜明。所以,从柳斌杰署长那天晚上找我谈话,到第二天开会动员,第三天大会表态,我一点都没有含糊,态度非常坚定。

二是认真负责地把好事办好。这项工作是由我牵头的,如果做得不那么积极,就不可能这么快,甚至有可能会不了了之。因为这 1000 万元资助款,如果有一家出版社不到位,整项工作就没法完成。大会发言表态时,我那两句话是发自内心的：为绵阳日报社先进事迹所感动，也确实为他们渴求援助的迫切心情所感动。我想，这是一件好事，就应该善始善终地把它做好做成。只有这样，才能心中无憾。

三是履行社会责任是高教社一贯坚持的优良传统。这也正是我在发言表态时之所以那样自信的原因所在，我相信高教社会支持我。事实上也确实如此。在高教社内部，援建工作的每一个环节都进展得非常顺利。特别是财务拨款环节。当时财务部主任王剑辉非常支持，凭协议书立即拨款。为高教社增光，也为其他两家兄弟出版社做出了榜样。

高教社积极向社会奉献爱心，是由来已久的。记得在 40 周年社庆时，于国华社长做了一个决定，我印象非常深刻。这个决定是：此后高教社出版的新书，每一种都给老少边穷地区的新疆大学、内蒙古大学、云南师范大学等 10 所高等院校各赠送 2 册，持之以恒。后来我分管营销工作，出差时顺便到各地高校图书馆了解情况，也进一步得到了印证，这项工作一直进行了 20 余年。社里曾经要调整样书发放，有人提问，给这 10 所院校所赠样书能不能减去？我明确表态：不能减去。因此这项工作也一直坚持到现在。

2004 年高教社 50 周年社庆时，因为不允许到外面举办庆典活动，社里就在马甸 A4 报告厅举行了简朴的庆祝活动。举办了向贫困地区捐赠图书仪式，总计捐赠了 1500 万元码洋的图书。同时，社里还宣布，高教社和新闻出版总署一起捐建江西瑞金希望小学。在"5·12"汶川地震抗震救灾过程中，社里除了对口援建绵阳日报社办公大楼之外，还向四川阿坝藏族自治州等灾区捐赠了 2000 万元码洋的图书。这些事实充分说明，向社会奉献爱心，是高教社一贯坚持的优良传统。

后记

这部回忆录,断断续续,历时三年,终于脱稿。

2015 年 7 月 21 日,江西高校出版社在京召开"新时期出版人改革亲历丛书"(原《出版人自述丛书》)编委会第一次会议,我作为编委出席了会议。会上,编委会主任、韬奋基金会理事长、中国出版集团原总裁聂震宁先生落实丛书作者人选,要我负责写一本关于教育出版方面的书。我没有犹豫,顺口就答应下来了。这也是长期以来我作为"二把手"服从主要领导安排的"惯性"! 会后,沉下心来,认真思考,还未动笔,脑海就翻腾起来了:写什么?怎么写? 从哪里下笔? 等等,心里没底,碍于面子又不好意思推辞。

回家后走进书房,翻腾"老古董",看到已别多年甚至长达 40 年的工作笔记、社内会议纪要等各种文件,还有社外各类会议通知、请柬、聘书、工作照片等各种资料,以及曾经为纪念改革开放 30 年,受《中国编辑》编辑部主任陈虹委托,北京大学在读博士苏明明对我访谈后撰写但未发表的《踵事增华、顺势而为——亲历教材出版三十年》初稿。我终于对写什么心里稍有了一点感觉。但由于爱人刚去世一年,悲伤心情仍在调整过程中,实在难以集中精力做事,只好请好友迟宝东(现任高教出版社文科出版事业部主任、文学博士)和阳化冰(现任高教出版社总编室主任)帮助我整理文稿。通常,我们是周五下午下班后五点左右碰头,我先口述并提供预先准备的一些资料,他们参与讨论,起草文稿,称初稿。文稿初成,便由我修改,重点放在调整文章结构、增补内容、细核史料,称修改一稿。之后我再重点通读,修饰文句,称修改二稿。若再修改,称修改三稿、四稿等。实际上,有很多章节是几经修改,数易其稿,一直到满意为止。通常,这些修改稿的誊写,包括插图的选配,分别由张雪辉和周杨承担。周杨负责全书的整理工作。最后全书由宝东统稿。

关于怎么写,就单篇讲,是记事,也避不开写史;就是讲故事,内容也必须翔实,这是最基本的要求。若干单篇要放在一起,形成一本书,就要有清晰的架构。我和宝东、化冰商量后,全书拟分为三部分。第一部分写我在高教社的职业生涯,通过我在不同历史时期的成长过程,记录高教社伴随国家教育事业的改革发展轨迹,彰显出版情怀;第二部分重点描写在高教社工作期间经历的具有里程碑意义的事儿;第三部分重点写我履职高教社总编辑的同时,参与、推进国家出版事业改革发展的一些事儿,回顾出版社会工作。

有了内容框架,就该考虑书名了。拟定书名必须紧扣内容。刚开始,我设想书名为"我的出版人生""我的出版故事"等,也想将之命名为"教育出版二三事""回味教育出版"等。显然,前者针对性不强,任何一个出版人写的回忆录都可以用,特点不突出;后者虽明确针对教育出版,但"二三事"囊括不了全部内容,"回味"略显中性。最后,宝东提议定为"情系教育出版",其中既有对"教育出版"的针对性,也蕴含我对"教育出版"无比热爱的情感。我欣然同意此书名。

在撰写第二辑"难以忘怀的那些事儿"时,为了尽量做到材料翔实,分别请大家帮忙:秦宣、徐迎、钱煤军、张丽、耿丽萍提供素材并起草《新时期的旗帜》获首届'国家音像制品奖'";王卫权、刘艳、王宏宇起草"'中国大学生在线'从沪迁京小记";林金安、吴雪梅、赵天夫起草"培育编辑出版'改革试验田'"等。

　　在撰写、整理、修改文稿过程中,为了进一步核实史料,我先后请高教社原社长于国华、刘志鹏、李朋义,现任社长苏雨恒,原总编辑杨祥审阅书稿。还有社内外同人也帮忙审阅了有关稿件,他们是(按所审阅文章先后顺序):肖娜、华立平、鲍湧、贾瑞武、张光河、韦晓阳、王剑辉、陈小平、刘超、付英宝、郭立伟、张建航、郭德征、肖琼、关迎春、孙云鹏、唐元贵、简彦杰等。在此期间,我还向郑惠坚、张思挚、刘晓翔、王凌波、张东英、张华、范水、孟方、邹学英、王琦、马盛明等咨询有关细节。熊威在审阅书稿时,对个别章节和标题做了调整,使文章结构更趋合理。

　　因此,《情系教育出版》是众友帮助下凝聚集体智慧的结晶。

　　值此出版之际,我由衷感谢宝东、化冰等所有参与整理、起草、修改、校阅书稿的好友、同人! 特别要感谢我的高中同学李骞,在百忙之中审阅书稿并为本书写序。同学情深,同窗意浓,令人感动。感谢何美华、张濮、李秋南帮我整理素材,并在生活上给予我悉心照料!

　　感谢邱少华社长、詹斌副社长和朱胜龙处长策划了这么好的选题。感谢邓玉琼主任和李建华编辑,感谢她们对书稿提了许多建议和意见,并做了精细加工,让我避免了许多错漏。

　　我成长的每一步都离不开高教社。最后谨以此书,特向高教社建社65周年献礼,感谢哺育我成长的高等教育出版社!

　　由于有些事情经历的时间比较久远,加之本人学识水平有限,书中记事和史料难免有错误、疏漏和不周之处。敬请知情者、亲历者指正,本人不胜感激!

2018 年中秋